La moral cristiana

La moral cristiana

En el aliento divino

Fundamentos de la fe católica
Serie ministerio pastoral

Russell B. Connors Jr., Ph.D.

Thomas P. Walters, Ph.D.
Editor de la serie

NATIONAL CONFERENCE FOR
CATECHETICAL LEADERSHIP

LOYOLAPRESS.

3441 N. ASHLAND AVENUE
CHICAGO, ILLINOIS 60657

Nihil Obstat
Reverendo Dennis J. Lyle, S.T.D.
Censor Deputatus
15 de noviembre de 2005

Imprimatur
Reverendo George J. Rassas
Vicario General
Arquidiócesis de Chicago
21 de noviembre de 2005

El *Nihil Obstat* e *Imprimatur* son declaraciones oficiales de que un libro está libre de errores doctrinales y morales. Aun así, tal afirmación no implica que quienes han concedido el *Nihil Obstat* e *Imprimatur* estén de acuerdo con el contenido, opiniones o declaraciones expresadas.

Publicado originalmente en inglés bajo el título *Christian Morality. In the breath of God*. Traducción al castellano por Francisco Manuel López García.

Ilustración de portada: Steve Snodgrass. Diseño de portada e ilustraciones interiores: Other Brother Design. Los reconocimientos que aparecen en la página 110 constituyen una continuación de la página de los derechos reservados.

Información catalogada en la Biblioteca del Congreso
Connors, Russell B., 1948-
  [Christian morality. Spanish]
  La moral cristiana : en el aliento divino / Russell B. Connors, Jr.
    p. cm. — (Fundamentos de la fe católica)
  Includes bibliographical references.
  ISBN 0-8294-2373-7
  1. Christian ethics—Catholic authors. 2. Catholic Church—Doctrines. I. Title. II. Series.
  BJ1249.C47518 2006
  241'.042—dc22

2005032485

Impreso en los Estados Unidos de América.
06 07 08 09 10 11 Bang 5 4 3 2 1

Índice

Acerca de la serie

Fundamentos de la fe católica: serie ministerio pastoral ofrece una comprensión profunda y accesible de los fundamentos de la fe católica a los adultos que se preparan para un ministerio laico y a quienes se interesan en su propio crecimiento personal. La Serie ayuda a los lectores a explorar la Tradición católica y aplicar lo aprendido a su propia vida y situaciones ministeriales. Cada título ofrece una confiable introducción a un tema específico y proporciona una comprensión fundamental de los conceptos.

Cada ejemplar de la serie presenta una comprensión católica de sus temas respectivos, tal como se encuentran en la Escritura y en la enseñanza de la Iglesia. Los autores han puesto atención especial a los documentos del Concilio Vaticano II y al *Catecismo de la Iglesia Católica*, de manera que por medio de estas fuentes esenciales puede emprenderse un estudio ulterior.

Los capítulos concluyen con preguntas de estudio que pueden usarse en grupos pequeños o en la reflexión personal.

La iniciativa de la National Conference for Catechetical Leadership (NCCL) llevó al desarrollo la versión anterior de esta serie. La indispensable contribución del editor de la serie, Dr. Thomas Walters, ayudó a asegurar que los conceptos e ideas presentadas aquí fuesen fácilmente accesibles a una mayor audiencia.

Normas para certificación: materiales para el ministerio eclesial

Cada libro en esta serie de teología hace referencia a las normas para certificación identificadas en los documentos que se mencionan más abajo. Tres organizaciones nacionales para el ministerio eclesial han aunado su experiencia profesional para ofrecer en un sólo documento las normas que deberán observarse en la preparación de ministros capacitados para dirigir la catequesis parroquial, la pastoral juvenil y los coordinadores de la pastoral parroquial. Un segundo documento presenta las normas para la certificación de los demás ministros pastorales. Ambos documentos también incluyen las aptitudes personales, teológicas y profesionales que deberán cultivar los que participan en todos los ministerios eclesiales.

Normas Nacionales para Certificación de Ministros Eclesiales Laicos para los Dirigentes de la Catequesis Parroquial, Dirigentes de la Pastoral Juvenil, Asociados Pastorales, Coordinadores de Vida Parroquial. National Conference for Catechetical Leadership, Washington, D.C., 2003.

Normas Nacionales para Certificación de Ministros Pastorales: National Association for Lay Ministry, Inc. (NALM), 2005.

Ambos documentos presentan la amplia gama de conocimientos y aptitudes que exigen los ministerios catequéticos y pastorales de la Iglesia y establecen las pautas necesarias para desarrollar programas de capacitación que incluyan todos los aspectos que las organizaciones responsables de su desarrollo han considerado importantes para esas tareas. Esta Serie para el ministerio pastoral se ofrece como complemento a los ministros pastorales para facilitar el logro de estas metas.

La constatación de que existen objetivos comunes permite identificar un fundamento unificador para quienes preparan a los agentes pastorales para el ministerio. Se pueden obtener copias de este documento llamando directamente a estas organizaciones o visitando sus páginas digitales:

NALM
6896 Laurel St. NW
Washington DC 20012
202-291-4100
202-291-8550 (fax)
nalm@nalm.org/ www.nalm.org

NCCL
125 Michigan Ave. NE
Washington DC 20017
202-884-9753
202-884-9756 (fax)
ccl@nccl.org / www.nccl.org

NFCYM
415 Michigan Ave. NE
Washington DC 20017
202-636-3825
202-526-7544 (fax)
info@nfcym.org / www.nfcym.org

PREFACIO

Debo agradecer a aquellos que han sido mis colaboradores. Primero, al Obispo Anthony Pilla, de la diócesis de Cleveland, Ohio, y al grupo de colegas del St. Mary Seminary en Cleveland por hacer la invitación y por ofrecer un lugar para estudiar el *Catecismo de la Iglesia Católica* (*CIC*) cuando fue publicado por primera vez hace varios años. Esas conversaciones, que condujeron a una serie de artículos del Obispo Pilla en torno al *Catecismo*, continúan alimentándome con ideas y aportaciones mientras escribo la presente obra. Estoy en deuda con Amy Clancy y Rita Chilar del Departamento de Teología del College of Saint Catherine, donde actualmente soy profesor; su corrección del manuscrito original en inglés ha sido útil, así como la "asistencia técnica" de Rita, quien me ayudó a descifrar algunos de los misterios de mi computadora. Mi gratitud también a mi esposa Patty, no sólo por sus correcciones al manuscrito, sino también por escuchar mis ideas, especialmente durante el desayuno.

Introducción

Hace años, cuando empezaba a estudiar teología moral, un amigo se gozaba riéndose de mí a causa del objeto de mi estudio. Su área de especialización era la fe cristiana en sí. Cuando acudíamos a reuniones sociales y la gente nos preguntaba qué estudiábamos, él respondía rápidamente: "Yo me concentro en Dios, el amor, la gracia y el Espíritu Santo". Luego, la pregunta se dirigía hacia mí, pero antes de que yo pudiese explicar lo que estudiaba, mi amigo intervenía diciendo: "Oh, él estudia teología moral. Ya saben, todo lo que tiene que ver con la reglas y normas del catolicismo. Ese es el lado oscuro del Evangelio. Pero alguien lo tiene que hacer".

"El lado oscuro del Evangelio". Si este libro tiene un propósito central es precisamente probar que mi amigo está equivocado. La moral cristiana no es otra cosa que vivir en Cristo, vivir en el amor, la gracia y el Espíritu de Cristo, el Espíritu de Dios.

¿Es difícil seguir a Cristo? ¿Es una lucha ser fiel al Evangelio? ¿Puede dejarnos exhaustos el dedicarnos a construir el Reino de Dios (de amor y justicia) en esta tierra? ¡Por supuesto! Sin embargo, esto es algo muy diferente que decir "el lado oscuro del Evangelio". Cualquier cosa más que esto implique, la moral cristiana comienza con la experiencia de que somos amados por Dios de una manera inimaginable. Vivir según la moral cristiana es nuestro intento de responder al regalo de ese amor. El objetivo principal de este libro es coincidir en esa convicción mientras damos una mirada a algunos de los temas y dimensiones importantes de la moral cristiana.

He intentado escribir en un estilo sencillo, sin tecnicismos, invitando al lector a reflexionar sobre su propia experiencia, como personas cristianas morales. Aun cuando cada capítulo explora un concepto diferente de la moral, todo el esquema del libro está basado en la misma lógica general. Los primeros dos capítulos van de la mano. Con énfasis diferentes intentan responder a la pregunta: "¿Qué es exactamente la moral cristiana?". El capítulo 1 centra su atención en Dios. La vida moral cristiana consiste en responder al amor de Dios, por lo tanto, reflexionaremos primero en la naturaleza de ese amor. El capítulo 2 se centra en nosotros mismos. La moral cristiana tiene que ver con nuestra llamada a tomar parte activa en la construcción del Reino de Dios.

El capítulo 3 se concentra en la realidad de la conciencia. Propongo una triple manera de abordar la conciencia, lo cual nos remite a un modelo especial en la toma de decisión del cristiano. El capítulo 4 vuelve su atención a lo que puede llamarse "dinámica" de la vida cristiana. Vamos a considerar la naturaleza del pecado y de su poder en nuestra vida personal y en el mundo. Pero, lo que es más importante (porque donde abunda el pecado, sobreabunda la gracia) es la reflexión en torno a la fe en la resurrección y la esperanza cristiana, y el impacto que éstas tienen en el proceso humano de conversión. Creo que este capítulo está repleto de buenas noticias.

Los últimos tres capítulos se centran en áreas específicas de la responsabilidad (moral) cristiana. El capítulo 5 da un vistazo a algunas convicciones importantes sobre la promoción de nuestra salud y la preservación de la vida humana; esto implicará una rápida incursión en la ética de la medicina, desde una perspectiva católica. El capítulo 6 aborda algunas ideas y temas importantes en torno a la sexualidad humana, siendo la más importante entre ellas el bien y el carácter sagrado de la sexualidad y nuestra llamada a llevar nuestra vida sexual, no sólo con gozo y deleite, sino también con honestidad y responsabilidad. El capítulo 7 presenta algunas convicciones clave de la Doctrina Social de la Iglesia, con especial énfasis en la dignidad humana, los derechos humanos (especialmente los derechos económicos) y lo que el *Catecismo de la Iglesia Católica (CIC)* llama "el amor preferencial por los pobres".

El recurso principal de este libro es el *CIC*. Los lectores harán bien en tener un ejemplar del *Catecismo* a la mano. En ocasiones, citaré literalmente el texto del *Catecismo*, otras veces me referiré simplemente al número del párrafo del mismo. Mucho de lo que presento en este libro está en consonancia con las ideas de importantes teólogos católicos contemporáneos. Para ser honestos, el objetivo del libro no es proporcionar un comentario detallado de todas las secciones del *CIC* que tienen que ver con la moralidad, sino, más bien, presentar el panorama general de la vida moral cristiana, partiendo desde el *Catecismo de la Iglesia Católica*. Si este libro ayuda a entender lo que significa responder el amor de Dios, y si ayuda a entender el vínculo que hay entre esa respuesta y algunas de las cuestiones morales de tu vida personal, entonces mis esfuerzos habrán dado fruto.

CAPÍTULO 1

La moral cristiana y el amor de Dios

Mike

Es admirable hablar con Mike. Por una parte, él es el mismo Mike de hace años: obstinado, decidido, soltero crónico y con opiniones estridentes que lo presentan como una persona muy ruda. Por otra parte Mike es diferente: está enamorado. Esta es la mejor manera de decirlo. Se nota que hay alegría en su interior y cuando lo escuchan hablar irradia espontaneidad. Mike se esfuerza por expresar lo que está sintiendo. En efecto, con lucidez me dijo en cierta ocasión: "¡Mira nada más!, antes yo era feliz, pero no como hoy. No sé realmente de dónde llegó María o cómo encontro el camino que la trajo a mi vida, pero pienso que voy a pasar el resto de mi vida dando gracias y tratando de responder al regalo que ella representa para mí".

Desde el *Catecismo: párrafo 1692*

Quizá parezca extraño, pero hay una conexión entre la experiencia de Mike, la moral cristiana y lo que expone este libro.

María "paró en seco" a Mike. Según sus palabras, ella es un "regalo" y nos da señales de que quiere emplear el resto de su vida; no sólo mostrando su agradecimiento, sino respondiendo al regalo excepcional que para él representa el amor de María, es decir, María misma.

¿Qué significa vivir según la moral cristiana? No es otra cosa que reconocer el asombroso regalo de la presencia amorosa de Dios en nuestra vida y nuestro continuo esfuerzo por responder a ese amor. Eso es todo. Vivir nuestras vidas como cristianos puede que no siempre sea fácil (lo cual ya sabemos), aunque esto no parezca ser algo complicado. Dios nos ama extraordinariamente, de manera especial mediante la persona y la obra de Jesucristo. Los cristianos son aquellos que saben esta verdad y emplean su vida para agradecer y responder al don del amor de Dios. Que las siguientes páginas e ideas de ninguna manera obscurezcan o interfieran con este sencillo pero profundo concepto de lo que es la vida cristiana.

Si la vida cristiana consiste en responder al amor de Dios, entonces, es importante reflexionar sobre ese amor y lo que implica responder a él. Este es el primer tema que habrá de abordarse en el presente capítulo. Después, relacionaré esta respuesta con el Espíritu Santo y propondré que la vida cristiana significa vivir en el Espíritu. El capítulo concluye con una reflexión centrada en la vida sacramental, sobre todo en torno al Bautismo y a la Eucaristía.

La moral cristiana como respuesta al amor de Dios

Si vivir la moral cristiana puede entenderse —en sentido amplio— como una vida de respuesta al amor de Dios, entonces, es importante comenzar señalado algunas cosas acerca de ese amor. Pero, ¿qué puede decirse acerca de Dios y del amor de Dios? Responder a esta pregunta es, incluso, más difícil que pedirle a Mike que describa a María; las palabras se quedarán cortas. Sin embargo, sugiero analizar tres nociones que requieren nuestra atención.

Primero, es importante que recordemos una convicción cristiana elemental: Dios es amor. Esto no equivale a la repetición de un par de versos de la Primera Carta de Juan en el Nuevo Testamento (ver 1 Juan 4:8 y 16), sino de una enseñanza que abarca, tanto el Antiguo, como el Nuevo Testamento. Los israelitas creían, por ejemplo, que la acción salvadora de Dios en favor suyo los rescató de la esclavitud en Egipto y los ayudó a iniciar el peregrinaje hacia su propia tierra. Esta intervención de Dios reveló no sólo lo que Dios podía realizar, sino también quién era Dios: un Dios de amor sumamente impresionante. Una y otra vez las parábolas de Jesús, particularmente el relato de Lucas sobre el hijo pródigo (ver 15:11–32), llamada más propiamente, quizá, la historia del padre amoroso, nos revelan, no algo, sino alguien: Dios, cuyo amor es tan incluyente que es apropiado decir que Dios *es* amor.

Lo anterior no debe parecernos extraño. Aquí resulta útil un ejemplo tomado del amor humano. Mike sabe que ha recibido un maravilloso regalo. No recibió algo de María; recibió a María misma. Esto es amor genuino, ¿no es así? Se trata del don de sí mismo al otro. Cuando amamos a alguien, le damos el don que somos —nuestra mente, corazón, tiempo, talento, esperanzas y preocupaciones. Entre más totalmente amemos, más completo será el regalo. Esto no significa que nosotros, al experimentar el regalo de la presencia y el amor de Dios en nuestra vida, hayamos recibido "todo lo que Dios es". Dios es también un misterio. Para usar una imagen espacial, que incluso se queda corta con respecto a la realidad; Dios es "más grande" que lo que nuestra mente y nuestro corazón son capaces de recibir. Aun así, lo que conocemos de Dios es real. Creemos que Dios nos ama de tal manera que revela no sólo lo que Él hace, sino también lo que Él es.

Una segunda dimensión del amor de Dios, a la cual debemos poner atención, está expresada en una pregunta: "¿Cómo nos ama Dios?". Probablemente hay cien respuestas correctas a esa pregunta. Sin embargo, hay una que parece ser la más cercana al corazón de la fe cristiana: Dios nos ama gratuitamente. El autor de la Carta a los Efesios expresó acertadamente la gratuidad del amor de Dios.

> Pero Dios, que es rico en misericordia y nos tiene un inmenso amor, aunque estábamos muertos por nuestros pecados, nos volvió a la vida junto con Cristo —¡por pura gracia han sido salvados!—, nos resucitó y nos sentó junto a Cristo Jesús en el cielo. De este modo quiso mostrar a los siglos venideros la inmensa riqueza de su gracia, por la bondad que nos manifiesta en Cristo Jesús. Por la gracia, en efecto, han sido salvados mediante la fe; y esto no es algo que venga de ustedes, sino que es un don de

Dios; no viene de las obras, para que nadie pueda enorgullecerse.

(2:4–9)

Este pasaje contiene una importante convicción para el cristiano. Dios nos ama y esto no se debe a nuestras buenas acciones, ni a que hagamos siempre lo correcto. El amor de Dios nos es dado independientemente de nuestra bondad o maldad, de nuestra justicia o injusticia. En la tradición cristiana a esto se le llama *gracia*. El amor de Dios es dado gratuitamente, sencillamente porque así es Dios.

Las parábolas de Jesús señalan frecuentemente esta verdad. En la historia del padre amoroso, por ejemplo, la celebración por el regreso del hijo pródigo no tenía por motivo la fidelidad o el oportuno remordimiento de éste (más que nada, el hijo pródigo regresó porque tuvo hambre). El asunto es que el padre era rico en misericordia y en amor. Se trata de la manera de ser de Dios, la manera gratuita de amar por parte suya.

Un tercer aspecto del amor de Dios que atrae nuestra atención es que el amor de Dios es poderoso; es transformador. Así lo muestra el Éxodo; el acontecimiento más importante para los israelitas. Dios se les reveló como alguien que estaba al pendiente de su tribulación. El amor y el cuidado de Dios significaban más que un sentimiento. Así se lee en el relato bíblico.

> ¡He visto la opresión de mi pueblo en Egipto, he oído el clamor que le arrancan sus opresores y conozco sus angustias! Voy a bajar para librarlo del poder de los egipcios. Lo sacaré de este país y lo llevaré a una tierra nueva y espaciosa.

(Éxodo 3:7–8)

Este relato revela muy bien la naturaleza del amor de Dios; es un verbo o acción continua. El amor de Dios se pone de manifiesto en hechos poderosos: compasión, salvación y justicia. Así como Mike sintió ser "una persona nueva" debido al modo en que fue tocado por el amor de María, así también (pero, más aún) son renovados quienes son tocados por el poderoso amor de Dios. El relato del "buen ladrón" que colgaba de una cruz junto a Jesús en el Calvario, muestra dramáticamente esta verdad. En ese relato, el amor de todo un Dios que perdona fue revelado mediante las palabras y hechos de Jesús de una manera sencilla, pero profunda (ver Lucas 23:39–43). El amor de Dios nos convierte en seres nuevos. ¿Qué implica todo lo que acabamos de decir? Dijimos que Dios es amor, que Dios nos ama libre y gratuitamente, y que el amor de Dios se manifiesta en hechos poderosos, transformadores. ¿De qué manera puede el cristiano practicar estas ideas? La respuesta puede ofrecerla un breve pasaje de la Primera Carta de Juan, en el Nuevo Testamento.

> Dios nos ha manifestado el amor que nos tiene, enviando al mundo a su Hijo único, para que vivamos por Él. El amor no consiste en que nosotros hayamos amado a Dios, sino en que Él nos amó a nosotros, y envió a su Hijo como víctima por nuestros pecados. Hermanos queridos, si Dios nos amó así, también nosotros debemos amarnos unos a otros. Nadie ha visto jamás a Dios; si nosotros nos amamos los unos a los otros, Dios permanece en nosotros y su amor ha llegado en nosotros a la perfección.
>
> (4:9–12)

El autor sagrado nos dice que la vida cristiana comienza con una apreciación del don de la vida y el amor de Dios entre nosotros, del regalo de Jesucristo. Pero esto no se queda ahí; más bien, esta convicción nos impulsa a responder amando al prójimo con el mismo amor que hemos recibido. El pasaje bíblico precedente no dice simplemente que debemos imitar el amor de Dios (la autoentrega, la gratuidad, el amor transformador de Dios). Debemos amar con el mismo amor con que Dios nos ama. Si nuestro amor es autoentrega, gratuito y transformador –conforme al pasaje bíblico que acabamos de leer– podemos decir que Dios "habita" en nosotros, obra en nosotros y, de algún modo, la presencia de Dios en el mundo se estará realizando por medio de nosotros.

¿Podemos tomarlo en serio? ¿Podemos amar de esta manera? Pasajes como los de Levítico y Colosenses (Levítico 19:2; Colosenses 3:12–13) nos empujan a maximizar nuestros logros espirituales a la vez que nos dejan sintiéndonos como si hubiéramos fracasado? ¿Somos capaces de amar y vivir de esta manera? Para responder a estas preguntas veamos otros elementos clave de nuestra fe: nuestras convicciones acerca del Espíritu de Dios.

La vida moral cristiana como vida en el Espíritu

No creo ser el primero en señalar que durante siglos (y aún en nuestros días) el Espíritu Santo tiende a ser olvidado, el Espíritu de la Trinidad Padre-Hijo-Espíritu Santo. Hay muchas razones de tal olvido, una de ellas puede ser lo elusivo de las imágenes atribuidas a la tercera persona de la Trinidad: viento, fuego, etcétera. Posiblemente, los autores del *Catecismo de la Iglesia Católica (CIC)* esperaban corregir esto. Desde el primer capítulo de la primera sección de la tercera parte –la que trata más directamente sobre la moral cristiana– está titulada "La vocación del hombre: la vida en el Espíritu". Tomando esta clave del *CIC*, reflexionemos brevemente –y desde una triple perspectiva– sobre el significado de la afirmación: nuestra vocación es vivir en el Espíritu de Dios.

Siguiendo de cerca el texto del *CIC*, lo primero que hay que tomar en cuenta respecto a nuestro llamado a vivir en el Espíritu tiene que ver con lo que la fe cristiana dice sobre nuestra creación. El *CIC* nos dice que nuestra dignidad como personas está basada en la convicción de que hemos sido creados a imagen de Dios (1700), que la imagen de Dios está presente en todos nosotros (1702), y que los que hemos sido creados participamos de la luz y el poder del Espíritu de Dios (1704).

Estos textos nos llevan a conclusiones sorprendentes. Por ejemplo, si verdaderamente creo que he sido hecho a imagen de Dios, que participo de la luz y del poder del Espíritu divino, entonces, en mis momentos más oscuros de fracaso y maldad estoy llamado a creer que sigo siendo santo. Soy llamado a creer que "Dios no hizo basura" cuando me creó. Y si tomo en serio que todos somos creados según el Espíritu de Dios, esto significa que cada uno representa un "lugar" donde Dios habita. De este modo, debería estar al pendiente y cuidar de cualquier persona que —en cualquier lugar del mundo— sufra de hambre, pobreza, de abandono o de cualquier abuso, con mayor razón si esto ocurriera a millones de personas. Si yo fuera un católico en Irlanda del Norte que ha crecido en una cultura de sospecha y odio a los protestantes, o si fuera un cristiano que vive en Jerusalén en medio de las hostilidades religiosas centenarias en el Medio Oriente, o si fuera una mujer de color en el sur de Estados Unidos hacia 1850 y si hubiera crecido con la indignidad y abusos de esclavitud, preguntándome si puede haber libertad y decoro para todas las personas, entonces la fe en la presencia del Espíritu Santo en todo ser humano (sin importar la edad, raza, sexo, origen étnico, status económico o cualquier otro factor de posible división) puede darme motivos de esperanza y motivación para trabajar a favor de la justicia y la paz. Ese es el punto —o al menos parte de él ¡Si todos los seres humanos tienen el Espíritu de Dios vivo, todos son santos y deben ser tratados no sólo con respeto, sino también con reverencia! Esto es lo que el *CIC* quiere que creamos.

Un segundo rasgo importante de lo que significa "la vida en el Espíritu" tiene que ver con nuestra unión con Jesucristo mismo. Vivir cristianamente no es simplemente vivir como Cristo o intentar imitarlo basados en nuestras propias fuerzas, porque al final, con nuestra propia fuerza, nos quedaremos cortos. Más bien, la vida cristiana comienza con la convicción de que Cristo vive en nosotros de una manera admirable y transformadora. Hay un poder, una vida en nosotros que simplemente no es nuestra; este poder y esta vida, es la vida y el poder de Dios. Más concretamente, se trata del poder del Espíritu Santo.

Esto quiere decir, al menos, dos cosas. Primero, que estamos llamados e impulsados a continuar la misión y el ministerio de Jesucristo en nuestro mundo. El Espíritu de Dios es quien hace esto posible. Nuestra fe nos invita a creer que a la vez que recibimos el don del Espíritu Santo, recibimos el Espíritu de Jesucristo. Si la misión y el ministerio de Jesús en esta tierra fue ante todo la reconciliación, la sanación, el perdón y el amor (entre otras cosas), entonces, nuestra vida debe llevar a cabo "ante todo" las mismas cosas. El Espíritu de Dios es quien nos "conecta" con la misión y el ministerio de Jesús.

Segundo, debemos señalar que el Espíritu de Dios que se nos da y que nos conecta con Cristo es el espíritu del Cristo resucitado, victorioso sobre la muerte. Un pasaje del Evangelio de Juan, al que el *CIC* se refiere en particular (ver Juan 19:28–30) no describe a un Jesús entregando su espíritu en un momento de derrota, sino en uno de victoria. Recibimos el Espíritu de Dios de parte de Jesús que ganó la batalla contra la tentación, la enfermad, el sufrimiento, la muerte y la perdición.

Por supuesto que nada de esto intenta decir que la vida cristiana —la vida en el Espíritu— es algo fácil. Más bien, esto equivale a decir que vivir como Cristo y su Espíritu significa vivir con un tipo de fuerza y manantial de esperanza, que de otra manera no sería posible alcanzar. Si la tentación, el sufrimiento y la muerte no tuvieron la última palabra en la vida de Jesús, tampoco tienen la última palabra en aquellos que viven en su Espíritu.

Un tercer rasgo de lo que significa "la vida en el Espíritu" tiene que ver con vivir en el amor. En cierto sentido, esto nos lleva precisamente al punto del círculo en el cual comenzamos: la vida cristiana es vivir en el amor de Dios. Trayendo a colación dos pasajes del Nuevo Testamento, el *CIC (733) declara lo anterior:*

> *Dios es Amor (1 Juan 4:8,16)* y el Amor que es el primer don, contiene todos los demás. Este amor "Dios lo ha derramado en nuestros corazones por el Espíritu Santo que nos ha sido dado". (Romanos 5:5)

Es por medio del Espíritu Santo, que este pasaje nos enseña que el amor de Dios nos ha sido dado. Más aún, el don del amor de Dios en nosotros es un regalo que permanece y une para siempre.

La más clara analogía que tenemos de la afirmación anterior —la que haría estas reflexiones menos "difíciles"— es el don del amor humano. Mike se dio cuenta de que el regalo del amor de María no era un regalo momentáneo o pasajero, sino perdurable. En un sentido, él recibió a María de una forma misteriosa, maravillosa, imperecedera. Parecería como si Mike estuviera cimentando el resto de su vida en ese regalo. Así sucede con Dios. Nuestra fe cristiana nos invita a creer que, mediante el poder del Espíritu, hemos recibido nada menos que el don de Dios en nuestra vida de un modo admirable y perdurable. Nuestra fe nos invita también a vivir nuestra vida en respuesta a ese amor, haciendo lo que podamos para amar a los otros como Dios nos ha amado. El Espíritu de Dios es quien hace esto posible.

La vida moral cristiana como vida sacramental

La tesis de este capítulo es que la vida moral cristiana es una vida de respuesta al amor de Dios. Esta idea se ilustra magníficamente en la celebración de los sacramentos. Examinemos brevemente algunos aspectos relacionados con los sacramentos del Bautismo y de la Eucaristía.

EL BAUTISMO

El *CIC* analiza la importancia del Bautismo con cierta amplitud, pero para nuestro propósito tres cosas en torno a estos sacramentos son particularmente significativas. El Bautismo tiene que ver con muerte y resurrección, con el acceso a una clase especial de gracia y poder, y con la incorporación al Cuerpo de Cristo.

Comentando los orígenes de la palabra *bautismo*, el *CIC* explica que, cuando somos "sumergidos" en el agua, somos "sumergidos" en la muerte de Cristo, de manera que podemos resucitar como Él y ser nuevas criaturas (1214).

No puede haber error en torno a esto, como el texto nos indica. Ser iniciado en Cristo significa entrar en un proceso continuo de muerte y resurrección. La liturgia de la Vigilia pascual lo dramatiza cuando los catecúmenos son sumergidos en el agua bautismal. Este signo vale para la comunidad entera, lo cual significa vivir como seguidores de Jesús. Debemos ser sepultados con Cristo, de modo que podamos resucitar con Él. Hemos de estar dispuestos a morir al egoísmo y al pecado para que podamos llevar una vida de gracia y autoentrega. Hay que señalar que el Bautismo es un acontecimiento único, no repetible. Al mismo tiempo, sin embargo, la vida bautismal es un proceso interminable, proceso que implica dejar atrás lo que es pasado en nosotros de forma que podamos ser renovados en el amor y la gracia de Dios.

Posteriormente, en su tratado del Bautismo, el *CIC* reflexiona sobre la gracia del Bautismo. Lo que la gracia de este sacramento habilita a los bautizados para "… vivir y obrar bajo la moción del Espíritu Santo" (1266).

Este es un texto importante y profundo. Deja en claro que la presencia y el poder del Espíritu Santo, recibidos en una nueva manera por medio del Bautismo, guían nuestra vida y nos ayudan a crecer en la bondad y en la virtud. Examinaremos con más cuidado este tema cuando, en el capítulo 3, abordemos la toma de conciencia y la decisión. Por el momento, notemos simplemente que para los cristianos la presencia del Espíritu de Dios en nuestra vida puede cambiar la pregunta que nos hacemos a nosotros mismos al tener que elegir alguna decisión moral. Para el creyente, la pregunta: "¿Qué debo hacer?" se podría convertir en: ¿Qué es lo que el Espíritu de Dios me está moviendo a hacer? Como veremos, estas preguntas no deben estar en conflicto, aun cuando la segunda pregunta nos abre a una fuente de sabiduría no accesible para quienes buscan responder solamente a la primera pregunta.

Finalmente, mediante el Bautismo, nos hacemos parte del Cuerpo de Cristo. En relación a esto, hay que señalar dos aspectos importantes. Primero, la vida cristiana no se vive aisladamente. Empleando imágenes que tienen que ver con la dirección de un movimiento, nuestra vida de respuesta al amor de Dios no es un asunto simplemente vertical, entre Dios y yo, entre Jesús y yo. La vida cristiana tiene una dimensión horizontal: tiene que ver con nuestras relaciones con los demás. Esto es importante no solamente porque estamos llamados a demostrar nuestro amor a Dios mediante nuestro amor al prójimo, pero sobre todo, porque de hecho, descubrimos la presencia de Dios en nuestro prójimo (ver Mateo 25:31–46). Todos juntos formamos, somos, el Cuerpo de Cristo en la tierra. Es posible conocer y amar a Cristo cuando conocemos y amamos a los demás.

El segundo aspecto que hay que señalar es que la incorporación al cuerpo de Cristo significa una invitación –un llamado– a reconocer nuestra unidad esencial con el prójimo, unidad que significa superar todo tipo de división en cuanto a la nacionalidad, la cultura, la raza o el sexo. Esta unidad es, al mismo tiempo, una realidad presente y una esperanza futura. Es algo real, porque basta con mirar alrededor y darse cuenta de la asombrosa diversidad que existe entre los seguidores de Cristo. Es casi un milagro que tengamos suficiente "cemento" para mantenernos unidos. ¡Ese "cemento" es el Espíritu de Dios! Pero también es verdad que no nos hemos convertido todavía en el Cuerpo de Cristo al que hemos sido llamados: seguimos siendo pecadores. La historia de los cristianos lleva las cicatrices de demasiadas fricciones y divisiones que se manifiestan aún en nuestros días. Juntos anhelamos el día en que el Espíritu de Dios complete nuestra unidad.

LA EUCARISTÍA

Se pueden decir mil cosas en torno a la importancia de la Eucaristía para la vida cristiana. Aludiendo a la enseñanza del Concilio Vaticano Segundo, el *CIC* nos recuerda que la Eucaristía es "la fuente y cima de toda la vida cristiana" (1324, *LG*, 11). A este respecto, hagamos solamente un par de comentarios.

Primero, la Eucaristía es fundamentalmente una acción de gracias. En este sacramento expresamos nuestra gratitud por todo lo que Dios ha hecho por nosotros, especialmente mediante el amor de Jesucristo (1360).

Este capítulo enfatiza que la vida de acuerdo a la moral cristiana es básicamente una vida de respuesta al amor de Dios y, esencial a tal realidad, por supuesto que es una acción de gracias. Volviendo al relato empleado al inicio del capítulo, Mike estaba sumamente agradecido por el regalo de amor de María. Ojalá que así sea siempre. De manera similar, los cristianos son aquellos que han experimentado el don del amor de Dios en su vida. La respuesta básica es la gratitud. Esta "actitud de agradecimiento" no se manifiesta en ninguna parte mejor que en la Eucaristía.

Segundo, el *CIC* nos recuerda que la liturgia eucarística termina con nuestro envío al mundo para extender la misión y el ministerio de Cristo a aquellos que encontramos en nuestra vida diaria (1332). Entre otras muchas cosas, la Eucaristía es el alimento para la jornada. La Eucaristía es para quienes comprenden que no es fácil responder al amor de Dios en su vida diaria. Es para quienes conocen las heridas del mundo y sus propias limitaciones en su intento de seguir a Cristo día a día. La Eucaristía no es una recompensa para aquellos que han llegado a una meta, sino alimento nutritivo para quienes van en el camino.

PARA REFLEXIONAR

1. Este capítulo se inicia con una analogía o comparación; nuestro intento de respuesta al don del amor de Dios es como nuestro intento de responder al don del amor humano. ¿En qué medida es válida esta analogía? No haya duda de que toda analogía (incluso las que usamos para referirnos a Dios) se queda corta. ¿En qué sentido se queda corta esta analogía?

2. El capítulo señala tres cosas respecto al amor de Dios: Dios es amor; el amor de Dios es gratuito; el amor de Dios es poderoso. ¿Cuál de estos aspectos del amor de Dios te llama más la atención? ¿Por qué? En base a tu propia experiencia, ¿qué más te gustaría decir sobre el amor de Dios?

3. El capítulo señala algunas implicaciones de nuestra creencia que el Espíritu de Dios habita en cada persona. ¿Cuáles son estas implicaciones? ¿Qué piensas acerca de ellas? ¿Qué piensas acerca de la afirmación que a Dios "se le puede descubrir" en cada persona?

4. El capítulo concluye con algunas reflexiones en torno a la relación entre el Bautismo y la Eucaristía en la vida según la moral cristiana. De acuerdo a tu experiencia al celebrar los sacramentos, ¿cómo describirías la conexión que hay entre ellos y el modo en que asumimos nuestra vida cristiana?

CAPÍTULO 2

La moral cristiana y el Reino de Dios

EL SEÑOR LÓPEZ

Había una vez un jardín, y el jardinero era el señor López. Era el jardín más bello en el poblado. La señora Quiñones estaba fascinada por el jardín. En sus paseos de la tarde, cuando ella veía al señor López cuidando del jardín, exclamaba: "¡Vaya, señor López, usted y Dios tienen el jardín más hermoso del poblado!" El señor López respondía, "Gracias, señora".

Esto continuó durante algún tiempo. Pero una tarde, húmeda y cálida, el señor López estaba trabajando duramente en el jardín y se llevó la mano a la frente para limpiarse el sudor. De pronto, se aproximó la señora Quiñones y dijo: "Señor López, le digo, usted y Dios tienen el más hermoso jardín en el poblado". Esa vez, el señor López se detuvo por un momento, se quitó su sombrero, limpió el sudor de su frente, miró directamente a la señora Quiñones, y dijo: "Con todo respeto, déjeme decirle algo, amable señora. Este puede ser un jardín magnífico, atendiéndolo Dios y yo juntos. Pero, ¡usted debería haber visto el desastre que era este jardín cuando Dios lo atendía solo!"

Desde el *Catecismo*: párrafos 668, 669, 670, 671, 672

En el relato de apertura, el señor López no negó que Dios tenía un quehacer importante en su jardín, pero intentaba hacerle saber a la señora Quiñones que el florecimiento del jardín se debía en gran parte a su sudor, durante el calor del día.

Este capítulo trata de la relación entre lo que Dios hace continuamente en el mundo y lo que estamos llamados a hacer con Él. Así como lo hace el *CIC*, pienso que mucho de lo que Dios hace en este mundo puede describirse con la imagen bíblica del Reino de Dios —un reino de justicia, amor y paz.

Como es visto en la vida, predicación, muerte y resurrección de Jesucristo, Dios está formando un cielo nuevo y una tierra nueva (ver *Apocalipsis* 21). Pero Dios no trabaja solo. Nosotros estamos íntimamente comprometidos con lo que Dios está haciendo. El Reino de Dios es y será la acción de Dios que se lleva a cabo en nosotros y por medio de nosotros, particularmente en los que somos seguidores de Jesucristo. Dios cuida del jardín, pero no sin el señor López.

Este capítulo debe verse como el reverso de la moneda del tema del capítulo 1. En el primer capítulo vimos que la vida moral cristiana gira, ante todo, no en torno a nosotros, sino en torno a Dios. Se trataba del regalo del amor de Dios y cómo intentamos responder a ese don. Esto es verdad, pero en el presente capítulo el énfasis está en la otra dirección. La vida según la moral cristiana tiene mucho que ver con lo que hacemos. Esto implica nuestra participación activa en la obra de Dios; la instauración de un reino de justicia, de amor y de paz. Si damos fe a la imagen bíblica, nuestra participación activa en la obra de Dios es tan importante que el jardín no puede florecer sin ella.

Sin embargo, a propósito de la introducción, hay que señalar que otra diferencia entre este capítulo y el precedente consiste en el énfasis. El capítulo anterior habla principalmente de la respuesta al regalo del amor de Dios. El presente capítulo enfatiza, más particularmente, que la forma que toma esta respuesta en la vida de los cristianos es aquella del Cristo vivo. El *CIC* nos recuerda que Cristo no está presente entre nosotros así como lo estuvo hace dos mil años. Por medio del Espíritu Santo, Él está presente ahora por medio de su cuerpo, la Iglesia. Está presente a por medio de ti y de mí. La instauración del Reino de Dios, tal como se dio en la vida de Jesús, es ahora confiada a nosotros, sus discípulos.

En las páginas que siguen examinaremos algunas convicciones cristianas acerca del Reino de Dios y veremos qué tipo de participación implica de parte nuestra. Luego, tomaremos nota de lo que llamo "inserción en el mundo".

La convicción cristiana en torno al Reino de Dios

La enseñanza cristiana en torno al Reino de Dios tiene como base la fe de Israel. Por lo tanto, examinemos un pasaje de la Escritura que ilustra bien las raíces de la fe israelita en el Reino: Éxodo 3:7–10. En el relato, los israelitas, esclavizados en Egipto, habían invocado el auxilio divino a favor suyo. En el siguiente pasaje, Dios habla a Moisés y, a través de él, al pueblo de Israel.

> ¡He visto la opresión de mi pueblo en Egipto, he oído el clamor que le arrancan sus opresores y conozco sus angustias! Voy a bajar para librarlo del poder de los egipcios. Lo sacaré de este país y lo llevaré a una tierra nueva y espaciosa, a una tierra que mana leche y miel…. El clamor de los israelitas ha llegado hasta mí. He visto también cómo son oprimidos por los egipcios. Ve, pues; yo te envío al faraón para que saques de Egipto a mi pueblo, a los israelitas.

Aquí se inicia la fe judía en el Reino de Dios. Comienza con la convicción de que Dios no solamente nos escucha y nos cuida, sino aún más, que Dios está deseoso de "bajar" para estar con nosotros y actuar a nuestro favor. El relato muestra la fe de Israel en que Dios está profundamente preocupado por la opresión y la injusticia. La implicación de esto para Israel fue que del mismo modo que Dios "ha bajado" para hacer algo respecto a nuestra situación de esclavitud y opresión, nosotros hemos de estar preocupados y especialmente comprometidos con los pobres y los oprimidos.

Es notable que el relato bíblico muestra la convicción de los israelitas respecto a cómo actuaría Dios: no directamente, sino por medio de Moisés y del mismo Israel. Dios envía a Moisés a presentarse ante el faraón y a sacar al pueblo de su esclavitud. En el relato, Moisés lanza una réplica: "¿Quién soy yo para ir al faraón y sacar de Egipto a los israelitas?" (*Éxodo* 3:11). Dios no responde dando a Moisés algo parecido a un plan de acción o de salida. Al contrario, Dios simplemente da una promesa: "Yo estaré contigo". (3:12)

Algo parecido es lo que la comunidad cristiana cree respecto al "Reino de Dios", pero ahora el centro lo ocupa lo que Dios realizó en la vida, obra, muerte y resurrección de Jesucristo. Al igual que lo hace el *CIC* (714), demos una mirada al siguiente pasaje tomado del Evangelio de San Lucas:

> El Espíritu del Señor está sobre mí, porque me ha ungido para anunciar la buena noticia a los pobres; me ha enviado a proclamar la liberación a los cautivos, a dar la vista a los ciegos, a libertar a los oprimidos y a proclamar un año de gracia del Señor.
>
> (4:18–19)

Aquí, las palabras de Jesús (una cita de Isaías 61:1–2) han llegado a convertirse, a su vez, en una audaz proclamación de la fe en Jesús. El Espíritu de Dios estaba sobre Jesús de un modo fehaciente y único. Él era y es el Hijo de Dios entre nosotros, y su misión era traer la buena nueva a los pobres, a los afligidos y a los oprimidos. Al vincular este pasaje con el del *Éxodo*, los cristianos hemos llegado a creer que en la persona y obra de Jesucristo, Dios ha "bajado" para estar con nosotros. No solamente Dios ha estado atento a nuestras necesidades, nuestra fragilidad y condición pecadora, sino que en Jesús, Dios ha tomado todo esto en sus manos.

Los cristianos afirmamos que el amor y la presencia salvadora de Dios se han hecho manifiestos en la vida de Israel, pero también creemos que Dios ha hecho algo realmente nuevo al enviarnos a su propio Hijo para estar en medio de nosotros. El Reino de Dios ha sido establecido –no terminado, sino establecido– en una manera nueva y definitiva. Esta convicción ha sido captada por el evangelista Marcos. En su Evangelio, las primeras palabras de Jesús son éstas: "El plazo se ha cumplido. El reino de Dios está llegando. Conviértanse y crean en el Evangelio". (1:15)

Con la expresión "Reino de Dios", los cristianos quieren decir que lo que Dios realizó en Jesucristo fue establecer la victoria definitiva de la gracia sobre el pecado; la victoria de la justicia sobre la opresión y, más dramáticamente, la victoria de la vida sobre la muerte. La fe cristiana sostiene que esta victoria, este Reino, simplemente ha comenzado; y difícilmente se puede decir que ha terminado. Basta mirar el diario matutino para uno darse cuenta de que sigue operando el pecado, la opresión y la muerte entre nosotros. Sin embargo, los cristianos somos aquellos que esperamos —verdaderamente aguardamos— la consumación de la victoria de Cristo; del Reino de Cristo.

Dicho de otra manera, la fe cristiana ofrece a los creyentes una visión especial de la historia, una visión llena de esperanza. Dios ha estado haciendo algo durante mucho tiempo. Manifestado en la vida de Israel, y dramatizado en la persona y obra de Jesucristo, especialmente en su victoria sobre la muerte: Dios ha actuado y sigue actuando para llevar a cabo la transformación del género humano y para forjar un cielo nuevo y una tierra nueva. Esta es una afirmación de gran peso. La primera pregunta que nos hacemos es: "¿Creemos esto?", "¿Pensamos que realmente es posible; que realmente se lleva a cabo la edificación del Reino?". Y la siguiente pregunta es: "¿Cuál es nuestro papel en esta asombrosa obra de Dios?" Respondamos a esta última pregunta.

La vida moral cristiana como participación activa en la obra de Cristo: la edificación del Reino de Dios

Nada sutil hay en el largo título de esta sección. Si la pregunta es: ¿Cuál es nuestro papel en el Reino de Dios? La respuesta es: Estamos llamados a una participación activa en lo que Dios realiza. Propongo que los siguientes párrafos reflexionemos un poco en el significado de las palabras *activa* y *participación*. Creo que esa participación implica en parte nuestra humildad, y que ser activos requiere de nosotros cierto sentido de urgencia.

Para poder considerarnos como partícipes en la obra de Cristo, en la edificación del Reino de Dios, sin lugar a dudas, requiere muchos elementos. Entre los más importantes está el sentido de una humildad genuina. No me refiero a la caricatura de la humildad que puede expresarse en la siguiente frase: "Realmente no valgo la pena" o "No tengo mucho que aportar". Esta actitud dista mucho de lo que es la auténtica humildad. La humildad genuina es la virtud que nos hace capaces de vernos a nosotros mismos como realmente somos; es la virtud que nos hace capaces de mantenernos en contacto con la realidad. A la luz de la fe cristiana, las personas humildes están conscientes de ser nada menos que hijos e hijas de Dios, creados a su imagen y semejanza (ver *Génesis* 1:27; *CIC, 356*). Esta es una profunda convicción de los cristianos humildes. Saben que debido a su origen (en Dios) y a su destino (en Dios), son seres humanos de enorme valor, de valor inestimable. Para retomar lo afirmado en el capítulo 1, los cristianos saben que todo es gracia, regalo, y no el resultado de sus propios logros, por muy notables que éstos puedan ser. Para los cristianos el reconocimiento de la gracia es el inicio de la auténtica humildad.

Aún más, ser humilde y ser seguidor de Cristo significa creer que Dios puede hacer algo admirable: la construcción de un reino de amor, justicia y paz. La humildad de tales personas las hace capaces de no olvidar nunca que, desde el inicio hasta el final, es la obra de Dios, es el Reino de Dios. Estamos llamados a participar en lo que Dios realiza por medio de nuestro estilo de vida, las distintas maneras en que trabajamos por el amor, la justicia y la paz. Haremos bien si tenemos en mente que se trata de una acción que parte de Dios, no de nosotros. Debemos tomar parte, sí, porque nuestra participación es esencial. Pero la construcción de un cielo nuevo y una tierra nueva es una obra "más grande" que cualquiera (o todos) nosotros. Es algo "más grande" de lo que podemos hacer.

Esta clase de humildad –auténtica humildad cristiana– puede liberarnos del autoperfeccionismo que aflige a muchos de nosotros; que nos lleva a la depresión, a la suposición pesimista de que, a fin de cuentas, estamos lejos de ser las personas perfectas que suponíamos ser. La humildad auténticamente cristiana puede ayudarnos a todos a vivir con asuntos inconclusos. En la vida diaria, ¿cuántos de nosotros no estamos sometidos a horarios agitados, experimentando la frustración al final del día por no haber hecho todo lo que planeamos? Más aún, ¿cuántos de nosotros estamos en conflicto con las interminables ocupaciones de nuestro mundo: con relaciones rotas e "irreconciliables", con problemas sociales agobiantes, como pobreza, hambre e injusticia, y arrastrando siglos de hostilidad y violencia en la sociedad? La fe cristiana en el Reino de Dios nos llama a creer que a pesar del tiempo que tome, a pesar de la obstinación de las fuerzas del pecado y el sufrimiento, se alcanzará la victoria de Cristo; esta victoria viene en camino. El creer verdaderamente en eso, implica riesgo, un riesgo que parece tocar los bordes de la locura. Así como el *CIC* señala, tal convicción suscita la esperanza en lo que Dios puede hacer y en lo que Dios ya está haciendo (1817–1821). Esta clase de esperanza debe estar fundamentada en la humildad, en la capacidad de reconocer nuestro propio valor para contribuir con lo que Dios está haciendo en el mundo.

Si la humildad es esencial a nuestra participación en la construcción del Reino de Dios, el sentido de urgencia es igualmente importante para nuestro compromiso activo en esta obra de fe. Una pequeña historia puede ser útil para comprender lo anterior.

Recuerdo mi primera lección de teología; mi padre fue el maestro. Sucedió hace muchos años mientras veíamos un juego de béisbol de los Indios de Cleveland por televisión. Yo tendría unos siete u ocho años. Minnie Minoso caminó a la caja de bateo y vi que hizo la señal de la cruz. Nunca antes había notado a ningún pelotero hacer eso y le dije a mi papá: "¿viste eso, papá? Minnie hizo la señal de la cruz; ¿crees que eso lo va a ayudar?". Sin pensarlo mucho, mi padre, el teólogo, respondió: "¿Que si lo va a ayudar? ¡Claro que sí! ¡Lo ayudará si acude a los entrenamientos de bateo y si puede conectar con la pelota!

En momentos excepcionales (como aquel) mi padre se mostró como un hombre de sabiduría. Además, era un hombre de mucha fe. Lo que aprendí en mi primera lección de teología es que Dios nos ayuda, pero necesita que nos ayudemos a nosotros mismos. Lo que nosotros necesitamos es acudir a la caja de bateo. Necesitamos realizar los pasos elementales para llevar a cabo el trabajo. Dios quiere estar con nosotros; Dios quiere ayudarnos, pero no lo hará todo en nuestro lugar. Es por eso que simpatizo mucho con el señor López en el relato al principio de este capítulo. El jardinero hace bien en señalar que él y su jardín existen, en primer lugar, debido a la acción creadora de Dios. El jardinero reconoce que no es el autor de la vida y acepta que hay mucho trabajo por hacer en el jardín. Aun cuando siga orando para pedir buen tiempo y una buena cosecha, sabe que debe llevar a cabo sus tareas.

¿Qué se necesita para participar activamente en el Reino de Dios? Se necesita un sentido de insistencia; la capacidad para detectar las oportunidades que se presentan y "pararse en la caja de bateo"; hacer algo para avanzar poco a poco hacia el Reino de Dios, reino de justicia, amor y paz. Esto es lo que se le dijo a Moisés cuando Dios lo envió al faraón con la misión de liberar al pueblo del yugo egipcio. A Moisés se le pidió creer que Dios haría posible su misión y que tendría resultado sólo con la colaboración de aquel, de su liderazgo y de su determinación. En otras palabras, el Reino es de Dios y por su poder se habrá de obtener la victoria sobre el pecado y la muerte, mientras tanto nosotros estamos llamados a actuar. La señora Quiñones tenía razón: Dios y el señor López tenían un jardín hermoso. Sin embargo, el señor López también tenía razón: el jardín se vuelve un caos cuando el jardinero abandona el trabajo.

Como pudimos ver al inicio del capítulo, la vida cristiana es una vida en el Espíritu; es permitir que Dios viva en nosotros y por medio de nosotros; creer que el Reino de Dios se realizará debido al poder del Espíritu de Dios. Pero la vida cristiana implica que seamos testigos.

En griego, el idioma del Nuevo Testamento, la palabra "testigo" y la palabra "mártir" son equivalentes. Ser testigo de Cristo significa, a veces, actuar de modo dramático y comprometedor. Para algunos, esto significa entregar la propia vida en la búsqueda de la justicia, del amor y de la paz. Semejantes testigos muestran radicalmente la insistencia que implica nuestra participación activa en el Reino de Dios.

La vida moral cristiana y su "inserción en el mundo"

Se ha insistido constantemente en este capítulo en que nuestra participación activa en la realización del Reino de Dios implica cierta "inserción en el mundo". Para entender lo que esto significa dirijamos nuestra atención brevemente a Carlos Marx.

Marx (1818–1883) fue un filósofo alemán, cuyas ideas han sido catalogadas de materialistas (negación de la dimensión espiritual de las personas), deterministas (reducción de la libertad humana al mínimo) y ateas (negación de la existencia de Dios o al menos de su relevancia). Marx se preocupó profundamente por la situación de los trabajadores en Europa; trabajadores (incluyendo niños) que laboraba largas jornadas, en condiciones infrahumanas llenas de peligro, a cambio de sueldos miserables que no llegaban a remediar la situación familiar ni mostraban respeto por su dignidad. Por todo eso Marx hizo un llamado a un cambio social radical y urgente. En sus ideas políticas y religiosas se manifestaba una crítica sistemática a la religión, especialmente contra el cristianismo, designado como "el opio del pueblo". La doctrina cristiana acerca del cielo –según Marx– distraía al pueblo, le impedía ver lo que realmente sucedía en el mundo y le impedía hacer algo contra la opresión. Como una droga, "creer en otro mundo" embota los sentidos de los cristianos y los hace aguantar la injusticia social en este mundo, porque, a fin de cuentas, el mundo venidero es lo que realmente importa. La crítica de Marx al cristianismo radica en la "evasión del mundo". En opinión suya, el cristianismo se concentra demasiado en "el mundo futuro" y muy poco en este mundo.

Puede debatirse si la crítica de Marx tuvo un impacto real en el cristianismo, pero lo que no es debatible es que históricamente no mucho después de Marx las Iglesias cristianas (incluyendo la Iglesia Católica) comenzaron a poner más atención a problemas sociales como la pobreza, la opresión y la injusticia. En 1891, el Papa León XIII promulgó una encíclica muy importante *Rerum novarum (Sobre la condición de los trabajadores)* en torno a la situación de los trabajadores y a la necesidad de una reforma social. Esa encíclica comenzó lo que se considera la enseñanza católica moderna sobre la justicia social. El capítulo 7 de este libro presentará esa enseñanza. Lo que se debe enfatizar aquí es lo siguiente: la doctrina social católica mostró efectivamente la "inserción en el mundo". En los últimos cien años, casi todos los papas, desde León XIII hasta Juan Pablo II han puesto esmerada atención a las preocupaciones sociales de cada época y han hecho un llamado a los cristianos (individuos y comunidades) a dedicar sus energías para superar la pobreza, el hambre, la indigencia, la discriminación, la opresión y la violencia. El catolicismo parece haber escuchado la enseñanza bíblica en torno al Reino de Dios de un modo fresco durante este último siglo, con una actitud que puede ser designada como "inserción en el mundo". Cristo creyó que el Espíritu Santo estaba sobre Él y que lo llamó a transmitir un mensaje de esperanza al pobre; a traer la libertad a aquellos que estaban en cautiverio; a liberar a aquellos que estaban siendo oprimidos. En ese mismo sentido, la enseñanza católica ha enfatizado que el Espíritu de Dios está sobre nosotros; que ahora, es nuestra la misión de Cristo. Los Papas han estado recordándonos que debemos contribuir en la labor de Cristo: practicar el amor, la justicia y la paz en este mundo. En esto consiste el Reino de Dios.

Vale la pena hacer dos comentarios adicionales sobre la "inserción en este mundo". Primero, esta manera de ver la vida cristiana (como una participación activa en la obra del Reino) señala la continuidad entre este mundo y "los cielos nuevos y la tierra nueva" que Dios está realizando. No obstante, hay una discontinuidad entre este mundo y el "mundo futuro". Este mundo no se identifica con el cielo (en caso de que no lo hayamos notado) y, de hecho, jamás se convertirá en cielo como resultado de la unión de nuestras buenas obras. Para que el Reino de Dios se realice completamente Dios tendrá que actuar de un modo totalmente nuevo y decisivo. No obstante, la imagen bíblica del Reino de Dios sugiere que hay continuidad entre este mundo y "los cielos nuevos y la tierra nueva" que habrán de venir. El Reino de Dios "está cerca", ya está entre nosotros. Esto es proclamado con insistencia por los autores bíblicos. En otras palabras, este no es un mundo "desechable". El Reino de Dios no suplantará nuestros esfuerzos ni nuestras pequeñas victorias en el campo de la justicia, del amor y de la paz. En todo caso, Dios les dará plenitud. Lo que hacemos en este mundo es importante y tiene sus propias consecuencias; esto es parte de la gran obra de Dios.

Segundo, hay que aclarar lo que no significa "inserción en este mundo". No significa que nuestro compromiso cristiano se limite a asuntos de justicia social. Muchos pasajes del *CIC* analizan nuestras obligaciones con respecto a la Iglesia y al culto, lo cual indica que la fe cristiana no se reduce a la labor social.

Enfatizar los aspectos "terrenales" del Reino de Dios y de la vida cristiana no equivale a decir que la meta es convertirnos en activistas sociales. Muchos de nosotros podemos identificar importantes obligaciones morales surgidas de nuestra condición de padres, hijos e hijas, hermanos y hermanas, amigos, trabajadores, etc. Algunos de nosotros estamos sanos, algunos sufrimos carencias y enfermedad. Algunos de nosotros gozamos de gran influencia en la vida pública; muchos de nosotros, no. Cómo colaboramos con Dios para la realización de su Reino puede variar significativamente de persona a persona. Todos debemos atender a nuestro prójimo, según nuestras posibilidades y así contribuir en la obra de Dios. Debemos cuidar el jardín en el que estamos.

Finalmente, enfatizar la "inserción en este mundo" del Reino de Dios no significa suprimir la oración. Nuestra oración puede tomar dos formas. Podemos orar "Ven Señor Jesús" diariamente, pidiendo que Dios complete lo que ha comenzado en Jesús de Nazaret. Podemos también orar para que nuestros ojos se abran, a fin de reconocer y responder a las oportunidades que están "ante nosotros", para contribuir a la construcción del Reino de Dios.

PARA REFLEXIONAR

1. De acuerdo al episodio que da comienzo a este capítulo, ¿crees que Dios realmente participaba en lo que el señor López hacía en el jardín? ¿De qué manera? ¿Actúa realmente Dios en este mundo? Si es así, ¿cómo? ¿De qué manera describirías la relación que hay entre lo que hacemos en este mundo y lo que Dios?

2. ¿Qué es lo que sugiere o suscita en ti la frase "el Reino de Dios"? ¿Podrías mencionar algunos hechos que indiquen o sean signos de que el Reino de Dios se está realizando?

3. Este capítulo señala que la humildad y el sentido de insistencia son cualidades esenciales para aquellos que se comprometen activamente por el Reino de Dios. ¿Hay algunas otras cualidades que, a tu juicio, sean también necesarias? ¿Por qué? ¿Conoces a alguien que tenga tales cualidades?

4. ¿Qué significa la "inserción en este mundo"? ¿Qué papel desempeña en la vida y en la espiritualidad de los cristianos la "evasión de este mundo", el escape de la realidad? ¿Qué riesgos implican ambas ideas?

CAPÍTULO 3

La moral cristiana y el proceso de la conciencia

"Monchis"

Se viven tiempos de incertidumbre, pero también tiempos de decisión. Se trata de Monchis. Así lo conoce la gente. Después de que su esposa murió –hace cuatro años– Monchis, de 83 años de edad, se fue a vivir con los Márquez: Lisa, la hija de Monchis, su esposo José, su hija Melisa, de 17 años, su hijo Jason de 11 años.

Monchis estaba bien; sano, independiente, con sentido del humor. Hace tres semanas se cayó y se rompió la cadera. A pesar de que la cirugía de Monchis fue un éxito, no fue así su proceso de recuperación. Le sobrevino una falla de riñón, tuvo un colapso de pulmón, le comenzaron signos de depresión, lo cual fue muy difícil para su familia.

El personal del hospital recomendó una clínica para ancianos, pero a Monchis no le gustan esos sitios. La familia Márquez lucha con la idea de cuidar y llevar a Monchis a casa. Quizá deberían hacer algunos ajustes en su vida. ¿Están obligados a hacerlo? ¿Acaso el amor no significa sacrificio? ¿Deben hacer lo que indica la lógica sin dejarse llevar por los sentimientos? ¿Deben proporcionar el mejor de los cuidados para Monchis? Todo esto es difícil para Melisa, la nieta favorita de Monchis. Los padres de Melisa quieren que ella ayude a tomar la decisión y aunque está contenta porque la han incluido, igual que los demás, está confundida.

Desde el *Catecismo*: párrafos 1778, 1783, 1785

El capítulo 1 señala que la moral cristiana tiene que ver con nuestro esfuerzo por responder al don del amor de Dios. Debemos intentar amar como Dios nos ama. El capítulo 2 indica que la vida según la moral cristiana es una vida de participación activa en el Reino de Dios. Debemos responder a las oportunidades que se nos presentan para ayudar al paulatino desarrollo del Reino de Dios, reino de justicia, de amor y de paz.

Este capítulo aborda una pregunta sencilla pero importante: ¿Cómo podemos conocer la mejor manera de "responder al amor de Dios" en situaciones concretas? De esta pregunta se desprenden otras: ¿Cuál es la acción amorosa que debía realizarse, por ejemplo, en el caso de Monchis? ¿Cómo podemos conocer la manera de colaborar con el Reino de Dios en situaciones ambiguas? En otras palabras, no siempre es claro el "cómo" responder al amor de Dios en nuestra vida diaria, aun cuando apreciemos profundamente ese don. Aun cuando creemos profundamente que Dios está construyendo un reino de justicia, amor y paz, y que debemos contribuir a ese reino, estamos muy lejos de tener la certidumbre necesaria sobre cómo hacerlo en nuestra vida diaria como padres, esposos, abogados, enfermeras, amigos, ciudadanos, etcétera. La vida es complicada.

Aquí emerge el tema de la conciencia en la tradición católica. La fe católica sugiere que por medio de la conciencia, toda persona intenta ser buena y actuar justamente. Por la conciencia los discípulos de Cristo discernimos cómo responder al amor de Dios y tomar parte en su Reino en nuestra vida diaria. Hablar de la conciencia no lleva a respuestas simples. No hay una receta que nos indique siempre cuál es la decisión moral del cristiano. Pero hay un camino que nos lleva a discernir lo que debemos hacer y lo que podemos ser cuando nos enfrentemos a elecciones morales difíciles. Este camino o vía que señala la tradición moral católica se llama conciencia.

El *CIC* aunque no abunda en su presentación de la conciencia, lo que dice no deja de ser importante. El *CIC* reconoce que debemos seguir los juicios de nuestra conciencia y que tenemos la responsabilidad de informar nuestra conciencia, lo más plena y auténticamente posible. Porque, como se verá más adelante, la conciencia tiene una dimensión personal y comunitaria.

Basándonos en el *CIC* y en las aportaciones de algunos teólogos contemporáneos que han escrito sobre tres aspectos correlativos de la conciencia, reflexionemos sobre la conciencia como capacidad, como proceso y como juicio.

La conciencia como capacidad para la bondad y la rectitud

La palabra *conciencia* tiene varios significados. Durante siglos, los filósofos y teólogos católicos han enfatizado que uno de los significados más importantes de la palabra conciencia no se refiere a algo que nosotros hacemos, sino —más profundamente— a algo que somos. Somos criaturas capaces de ser buenos y actuar correctamente; creados a imagen de Dios; partícipes de la luz de su Espíritu. Al usar nuestra razón somos capaces de descubrir el orden del universo, y mediante el uso de nuestra libre voluntad podemos elegir vivir de acuerdo a ese orden (*CIC*, 1705).

Estas ideas reflejan lo que puede llamarse "optimismo católico" y contrastan con ciertas filosofías pesimistas que influyeron en la primera Iglesia; ideas que consideraban al ser humano muy atormentado por las tinieblas del mal, dado que era incapaz de ser completamente bueno. La teología católica de la creación sostiene que, a pesar del pecado, hemos sido creados a imagen y semejanza de Dios. Esto contrasta con ciertas ideas de algunos de los reformadores del siglo XVI, por ejemplo, Juan Calvino y, en menor medida, Martín Lutero. La fe católica ha insistido en que la naturaleza humana es fundamentalmente buena: somos capaces de hacer el bien y de actuar con rectitud. A diferencia de algunos filósofos contemporáneos y de algunos sociólogos que creen que estamos determinados por nuestra herencia genética, sustratos familiares, sociales y culturales, la Tradición católica señala firmemente que, a pesar de esos factores, seguimos siendo libres, de tal manera que podemos efectivamente dirigir nuestra vida hacia lo que realmente es bueno (1704).

Estas son convicciones católicas audaces, pero confiables que forman parte esencial de nuestra tradición la cual sostiene que el elemento más característico de la conciencia es la capacidad de ser bueno y obrar con rectitud. Esta tendencia hacia la bondad y la rectitud es fundamental para llegar a ser plenamente humanos. En efecto, en aquellos momentos o circunstancias en que parece faltar esta tendencia; cuando otra gente parece no preocuparse por la bondad y la rectitud (o porque su manera de vivir afecta negativamente a los otros) con frecuencia decimos que esas personas son "inhumanas". Una palabra clínica que designa a este tipo de personas es *sociópata*. Este tipo de personas representa un peligro para ellas mismas y para los demás. Este asunto, aunque parezca simple, es muy importante. Somos capaces de hacer el bien y de obrar con justicia. Para los que no creen esto, entonces, es inútil hablar de la conciencia.

Al hablar de "conciencia como capacidad" debemos atender dos aspectos adicionales. El primero: esta capacidad se encuentra, por su propia naturaleza, sujeta a desarrollo. Nuestra capacidad para el bien y la rectitud no la traemos en el momento de nacer como un paquete completo. Es más bien una especie de músculo moral, es decir, nuestra conciencia deberá ser ejercitada y desarrollada. Somos capaces de desarrollarnos como buenas personas y ese desarrollo es un proyecto de toda la vida; el proyecto más importante que hemos de asumir.

Obviamente, es de esperarse que a los dieciocho años de edad nuestra capacidad para hacer el bien y obrar con rectitud esté más desarrollada que a los ocho años de edad. En este sentido, se esperaría que a los sesenta y ocho años la conciencia –probada por la experiencia de aciertos y caídas– logre un mayor grado de madurez y sabiduría que la alcanzada a los ocho o a los dieciocho años.

Todo esto debería dejarnos en claro que la "conciencia como capacidad" de cada uno es única. Tenemos nuestras propias historias y experiencias en el ámbito moral que ha contribuido a lo que somos –para bien o para mal– y que influyen en la manera en que afrontamos las cuestiones morales en circunstancias concretas. Cada persona tiene un carácter moral: se trata de nuestras propias convicciones, actitudes, virtudes y vicios que manifestamos en nuestros dilemas cotidianos. Nos damos cuenta de que estamos inmersos en una red de amistades y relaciones familiares; en asuntos de trabajo o educación. Percibimos que los grupos sociales, políticos, culturales y religiosos han influido –para bien o para mal– en la manera en que valoramos nuestras distintas elecciones morales. Esto no significa que esos factores determinen lo que somos o hacemos, pero ilustra adecuadamente una realidad: aun cuando la "conciencia como capacidad" tiene una dimensión personal única, también tiene una dimensión social y comunitaria.

Hay que atender un punto final en torno a la "conciencia como capacidad". Se trata del aspecto espiritual. Por medio de la fe llegamos a creer que no solamente podemos contar con nuestro músculo moral para nuestros problemas morales, sino que también podemos contar con alguien: el Espíritu Santo.

Ya señalé en el primer capítulo que la vida cristiana es "la vida en el Espíritu". Nuestra fe sostiene que todos los seres humanos hemos sido creados a imagen de Dios, y que el Espíritu Santo vive en nosotros. En la tradición católica, esta es la fuente de la dignidad humana: aquí es donde comienza el respeto por la vida. Es de esperarse que los cristianos sitúen esta convicción en torno a la acción del Espíritu Santo en el centro de su vida. Podemos creer que el Espíritu Santo, el Espíritu de Jesús, habita en nosotros de tal forma que nos hace capaces, nos llama a ser buenos y a hacer lo que es correcto. Esto constituye un fuerte apoyo para la fe y la esperanza de muchos cristianos. Esto no significa que mientras la familia Márquez discernía qué hacer en el caso de Monchis, no necesitaba conectarse a sus virtudes e intenciones morales más profundas. De hecho, eso fue lo que hizo la familia. Pero esto significa que tienen una fuente de fuerza y sabiduría que los sobrepasa. Cuando Dios envió a Moisés al Faraón para que sacara a Israel de Egipto, le aseguró una cosa: "Yo estaré contigo". Esta presencia continua del Espíritu Santo en nuestra vida no hace que la vida moral cristiana sea más fácil, pero sí la hace posible.

La conciencia como proceso: la tarea de decidir moralmente

El primer aspecto de la conciencia "conciencia como capacidad" es lo que se toma consigo en toda situación moral. Se trata del cúmulo de experiencias y sabiduría que sirve de fondo o de base para todas nuestras decisiones morales. Cuando surge una situación que pide de nosotros un juicio moral acerca de lo que es correcto hacer –tal como era la situación de la familia Márquez–, entonces el centro de atención lo ocupa el segundo aspecto de la conciencia: la conciencia como proceso. Este segundo aspecto de la conciencia es lo que hacemos para lograr un buen juicio moral. (Más adelante veremos que el juicio acerca de lo que debemos hacer constituye el tercer aspecto de la conciencia). El segundo aspecto de la conciencia puede llamarse "conciencia activa", porque en esta instancia debemos estar "ocupados"; debemos hacer nuestra "tarea" de manera que al final, el juicio moral que hagamos sea el fruto de nuestra reflexión.

¿Cuáles son las cosas que podemos hacer en el "proceso de la conciencia"? (Antes de seguir leyendo, sería útil que cada uno responda a esta pregunta: cuando has tenido que actuar según un juicio o decisión moral importante, ¿qué has hecho para llevarla a cabo?). El *CIC* sugiere que en situaciones concretas, cuando intentamos determinar qué es lo que quiere Dios de nosotros, haremos bien en buscar la ayuda de otros, de personas competentes, porque la voz del Espíritu Santo frecuentemente se manifiesta en aquellos que nos rodean (1787, 1788).

Esta afirmación tiene mucha sabiduría. Debemos intentar discernir lo que Dios quiere que hagamos interpretando los datos de la experiencia, los signos de los tiempos, el consejo de personas competentes y la ayuda del Espíritu Santo. Para aclarar más estas sugerencias, propongo –en esquema– las cosas que pueden ayudarnos:

1. Identificar el juicio moral que deberá hacerse

2. Reunir la información relevante

3. Buscar consejo

4. Evaluar alternativas

5. Reflexionar y orar

Reflexionemos brevemente sobre cada una de ellas.

Identificar el juicio moral que deberá hacerse. Quizá parezca demasiado obvio decirlo, pero algunos juicios morales no son correctos porque nunca se tuvo claridad sobre su elemento central. Dicho de otra manera, todo juicio moral implica una pregunta y la manera en que esta se plantea puede concluir con un juicio moral correcto o incorrecto. Por ejemplo, si la familia Márquez está luchando por encontrar respuesta a la pregunta: "¿cuál es la mejor manera de mostrar nuestro gran amor por Monchis en esta situación?", su dilema podría ser una muestra real de su cariño constante por Monchis, pero la pregunta quizá no sea muy acertada. Es tan amplia que les sería difícil encontrar una respuesta, o podría llevarlos a pensar que la única solución es modificar radicalmente sus vidas, de tal manera que ven el cuidar a Monchis en casa como la mayor muestra de amor que puedan darle. Tal vez sea así, pero no necesariamente.

Otra manera de hacer la pregunta es: "¿Qué podemos hacer para que Monchis sea cuidado de la mejor manera posible en estos momentos de su vida?". El punto central de esta pregunta parece centrarse más en Monchis que en los miembros de la famiia Márquez. Parece una pregunta más abierta, porque los mueve a buscar lo que realmente beneficia a Monchis en un modo más directo. La idea central es clara: la manera en que identificamos la decisión moral que debe hacerse, es muy importante. Con ello, el proceso de investigación moral puede llevarse a cabo con claridad e imparcialidad.

Reunir información relevante. Gran parte de una decisión moral acertada incluye el acopio de información buena y relevante. Dependiendo de la naturaleza de la situación moral, puede variar el tipo de información que se requiere. La familia Márquez necesitará información profesional de un buen número de médicos. Necesitará entender con precisión el tipo de cuidado que Monchis requerirá; quién o quiénes son los más indicado para dárselo, el tiempo que tomaría tal cuidado, etcétera. Indudablemente necesitará información sobre clínicas para ancianos y agencias de seguro con respecto a los costos a corto y a largo plazo que implicará el cuidado de Monchis, y, por supuesto, necesitará la opinión de Monchis. Un dato importante incluiría que Monchis fuese tomado en cuenta, según su capacidad para comunicarse con ellos. Como puede verse, hay muchas cosas que pueden encontrarse en un corto periodo de tiempo. En otras situaciones se requerirá otros tipos de información, pero en todo caso, las buenas decisiones deben respaldarse con información confiable.

Buscar consejo. El *CIC* sugiere que cuando queramos discernir lo que es correcto hacer cuando busquemos discernir la voluntad de Dios para nosotros, sería bueno buscar e interpretar "el consejo de gente competente" (1788). Obviamente, este aspecto puede coincidir parcialmente con el anterior: Debemos reunir nuestra información escuchando a gente competente. Considero, por mi parte, que hay otras tres maneras importantes de buscar consejo.

Primero, es señal de sabiduría consultar a otras personas que han tenido que afrontar juicios morales similares. Aun cuando pudiese haber sido única la situación de la familia Márquez, no son los primeros en preguntarse cómo ofrecer cuidado de calidad a la persona de avanzada edad que aman. Los Márquez pueden sacar provecho del gran cúmulo de experiencia y sabiduría que hay sobre este asunto.

Segundo, cuando afrontemos una decisión moral difícil será prudente consultar con alguien a quien conozcamos bien. Es bueno hablar con alguien que ya conocemos respecto a nuestras dificultades y debilidades morales, alguien que pueda ayudarnos a descubrir nuestras virtudes y nuestra sabiduría oculta, alguien que pueda ayudarnos a evitar el "lado oscuro" de nuestra personalidad y carácter. En situaciones morales difíciles, esa confianza en los otros puede ser de gran ayuda. Tales personas se manifiestan para nosotros nada menos que como regalo de Dios.

Un tercer aspecto del "buscar consejo" en la tradición católica nos lleva a la enseñanza oficial de la Iglesia. Como lo veremos en los capítulos 5, 6 y 7 –los capítulos sobre los aspectos médicos, sexuales y sociales de las enseñanzas católicas – la Iglesia ha desarrollado un sistema de doctrina sobre temas morales específicos que pueden significar para los católicos (y los no católicos) una fuente especial de sabiduría auxiliar al momento de discernir lo que hay que hacer en determinada situación. Algunas enseñanzas son de carácter general (por ejemplo, nuestro llamado a la vida); otras son específicas (por ejemplo, el problema de la eutanasia activa o pasiva siempre es objetivanmente mala). El *CIC* enseña que, como católicos, se espera que nos dejemos guiar en cuestiones morales —cuando se trate de discernir la acción correcta— por la doctrina de la Iglesia (1785). La Iglesia no toma decisiones y ni forman juicios morales por nosotros. Si este fuera el caso, la conciencia sería simplemente la tarea de encontrar la regla o ley moral y obedecerla. El propósito de la enseñanza católica es asistirnos, guiarnos cuando intentamos identificar nuestras responsabilidades morales en situaciones concretas.

Evaluar alternativas. Cuando se lleva a cabo el proceso de conciencia y decisión moral, surgen con frecuencia diversas alternativas —especialmente si hemos recabado buena información y recibido un consejo sabio. Sin embargo, esto no siempre sucede así, porque a veces las alternativas se presentan claramente definidas ("es esto o lo otro"). Por ejemplo, después de un largo proceso de discernimiento, una mujer decide afrontar una relación marital abusiva y se encuentra con la alternativa de separarse o no de su esposo. A veces los juicios morales son radicales, pero no siempre. Frecuentemente, después de haber reunido información y de haber buscado consejo, lo que parece una situación del tipo "es esto o lo otro" se vuelve una situación con una amplia gama de alternativas. La familia Márquez, por ejemplo, puede averiguar que dos de las opciones que no habían pensado implican que Monchis vaya a una casa de salud durante unas semanas para su rehabilitación, para luego regresar a casa con ellos; o que Monchis reciba asistencia clínica en casa como parte de un plan de seguro médico. Cuando se expanden o surgen diversas alternativas se tiene la oportunidad de cambiar lo que parecía una situación de disyuntiva "es esto o lo otro", "pérdida o ganancia" en una situación marcada por un alto grado de "ventaja – desventaja". Las personas con experimentada sabiduría moral, con frecuencia pueden reconocer alternativas que no parecían muy claras al principio. Son personas con buena imaginación.

Reflexionar y orar. La sección en torno a la conciencia en el *CIC* comienza con esta cita del Concilio Vaticano II:

> En lo más profundo de su conciencia descubre el hombre la existencia de una ley que él no se dicta a sí mismo, pero a la cual debe obedecer, y cuya voz resuena, cuando es necesario, en los oídos de su corazón... Porque el hombre tiene una ley escrita por Dios en su corazón, en cuya obediencia consiste la dignidad humana y por la cual será juzgado personalmente. La conciencia es el núcleo más secreto y el sagrario del hombre, en el que éste se siente a solas con Dios, cuya voz resuena en el recinto más íntimo de aquélla....
>
> (Gaudium et spes, 16)

¡Excelente imagen! Nuestra conciencia es nuestro núcleo más secreto y nuestro santuario. Se trata del "lugar sagrado" donde podemos darnos cita con la voz del Espíritu Santo; el "lugar" interior donde se realizan nuestras decisiones y juicios morales más importantes. Como lo hemos dicho, la vida según la moral cristiana es una vida en el Espíritu, por lo tanto, cuando afrontamos una decisión moral difícil tenemos una oportunidad favorable de entrar en contacto con el Espíritu Santo que habita en nosotros. Debemos orar. El Espíritu Santo no toma las decisiones por nosotros, pero si nuestro corazón está abierto, el Espíritu Santo es capaz de iluminarnos y animarnos. El Espíritu puede iluminarnos a fin de que podamos ver por nosotros mismos con claridad y sabiduría. El Espíritu nos impulsa a actuar decididamente en aquello que es nuestra obligación o compromiso moral. Aquellos que se esfuerzan por alcanzar la sabiduría moral harán bien en visitar su santuario interior con más frecuencia.

La conciencia como juicio: el asumir la responsabilidad

Este tercer aspecto surge del proceso de la conciencia que acabamos de describir: el juicio moral concreto sobre lo que debe hacerse en una situación determinada. En efecto, durante siglos, la Iglesia Católica ha sostenido que debemos actuar de acuerdo a nuestra propia conciencia; con lo que juzgamos ser nuestra obligación moral concreta. De esta semejanza se desprenden tres reflexiones importantes.

Primero, esta enseñanza sobre la conciencia es un llamado a un alto grado de madurez y responsabilidad. El *CIC* señala que la vida moral implica mucho más que poner atención a las reglas y normas de la Iglesia o de la sociedad, y que significa mucho más que obedecerlas mecánicamente. La madurez moral significa asumir la responsabilidad de los actos personales y de la propia vida. Nuestras acciones expresan lo que somos y quiénes somos: dicen algo acerca de la calidad de nuestro carácter. Al mismo tiempo, nuestras acciones nos van formando como personas; realizan un cierto "efecto boomerang", ya que regresan a nosotros influenciando nuestro carácter, para bien o para mal. El *CIC* indica que la libertad de conciencia es importante para poder llegar a tomar decisiones morales. Esto es una buena noticia: disfrutemos nuestra libertad de conciencia, así podremos vivir auténticamente nuestra vida. Se trata de una buena noticia que nos compromete: la libertad de conciencia es un llamado a la responsabilidad y a la madurez moral.

Segundo, la enseñanza católica en torno a la conciencia –especialmente acerca de la libertad de conciencia– supone que las personas responsables y maduras están atentas a los aspectos personales y comunitarios de la vida moral. El *CIC* sugiere que, como personas, disfrutemos nuestra libertad de conciencia, para que nuestras acciones sean realmente nuestras. Al mismo tiempo, el *CIC* aconseja que las personas con conciencia madura y responsable, deberán atender cuidadosamente la guía y la sabiduría de las comunidades a las que pertenecen. Debemos ser libres para actuar de acuerdo a nuestra propia conciencia y, al mismo tiempo, debemos procurar que nuestra conciencia sea iluminada por la sabiduría de otras personas. La libertad de conciencia es una invitación a ser nosotros mismos, mientras que el deber de formar nuestra conciencia es una invitación a reconocer que no estamos aislados de otras personas. Somos parte de una comunidad, somos responsables de la manera en que nuestras acciones ayuden o impidan el bien de otros. Ser persona es estar relacionado con otros. Hay pocas cosas que son más centrales al pensamiento católico que esta convicción.

Tercero, es verdad que nuestra conciencia es sagrada. Esto significa que el respeto a la libertad de conciencia es una parte importante del respeto a la dignidad humana y que la conciencia es débil. Podemos cometer errores; podemos fallar. En otras palabras, decir que debemos actuar de acuerdo con los juicios de nuestra conciencia no significa que nuestros juicios sean siempre correctos. Nuestra conciencia puede estar malformada o mal informada, podemos padecer de "ceguera moral" que podría hacer que nuestras acciones nos hagan mucho daño a nosotros y a los demás. Es posible que algunos elementos de esa ceguera sean personales, tales como mi testarudez o estrechez de mente que me impiden ver algunos aspectos relacionados a un asunto como realmente son. También es muy posible que estos puntos de ceguera moral sean parte de nuestra cultura. Bien podemos señalar el racismo y el sexismo. Estas ideas y conductas perjudiciales pueden impedirnos entablar relaciones adecuadas con los demás, y más ampliamente, pueden transformarse en acciones y estructuras de injusticia u opresión con efectos devastadores para los demás, aun cuando no surjan de corazones realmente perversos. A veces, la ignorancia es todo lo que se necesita para que sucedan cosas malas.

El *CIC* analiza todo esto en algunos párrafos con el subtítulo: "El juicio erróneo" (1790–1794). A veces un juicio erróneo puede atribuirse a la responsabilidad personal (1791); podemos ser culpables precisamente porque no nos esforzamos o nos esforzamos muy poco en formar nuestra conciencia esmeradamente. En otras ocasiones, nuestros errores de juicio no son producto de irresponsabilidad moral o malicia, porque hemos hecho el mayor esfuerzo posible para formar nuestra conciencia, aun cuando terminamos haciendo algo que es objetivamente malo (1793). Es marca de sabiduría abstenerse de señalar el grado de culpabilidad moral de los demás. Es mejor dejar tales juicios a alguien con más sabiduría –y más compasivo– que nosotros.

Este último tema acerca de la fragilidad de la conciencia no necesita llevarnos a revisar lo que hemos dicho acerca del carácter sagrado de la conciencia. Pero sí nos deja con cierto grado de humildad respecto a nuestros juicios y convicciones morales; si nos deja con la conclusión de que nuestra conciencia no sólo debe ser respetada, sino examinada constantemente, valdrá la pena recordar estos puntos.

❧✝❧

Para reflexionar

1. ¿Qué significa para ti la palabra *conciencia*? ¿Qué imágenes vienen a tu mente cuando escuchas esta palabra?

2. ¿Qué opinas acerca del "optimismo católico" mencionado en este capítulo? ¿Compartes esta noción? Explícalo.

3. Piensa en alguien que admires, especialmente alguien a quien consideres una buena persona. ¿En qué se manifiesta la capacidad que esa persona tiene para hacer el bien? Según tu opinión, ¿qué cosas han ayudado a tal persona a desarrollar su capacidad para el bien y la justicia?

4. Recuerda una decisión moral importante que hayas realizado. ¿Qué acciones llevaste a cabo para llegar a hacer un buen juicio moral? ¿Qué te ayudó? ¿Qué no te ayudó?

5. En este capítulo se dijo que debemos ser libres para actuar de acuerdo a nuestra conciencia. También se señaló que esto requería de un alto grado de responsabilidad y madurez. ¿Qué importancia tiene para ti la "libertad de conciencia"? ¿Sí o no? ¿Qué significan para ti las frases "responsabilidad moral" y "madurez moral"?

CAPÍTULO 4

La moral cristiana y las dinámicas del pecado y de la conversión

Áпgela

"Esto es un milagro". Así lo describió Ángela hace algunas semanas. Sabíamos que la lucha de Ángela contra el alcoholismo había sido una prueba no sólo para ella, sino también para su familia y amigos. Nos sentimos aliviados y contentos cuando finalmente abandonó el centro de tratamiento. Admiramos la manera en que adoptó el programa de AA. La siguiente conversación deja en claro que no habíamos valorado el significado de la experiencia que cambió profundamente la vida de Ángela.

"Me encaminaba a la muerte", dijo Ángela, "literalmente estaba rumbo a la muerte. Llegué a odiarlos, por supuesto, pero ahora sé que la noche en que ustedes realizaron su plan para casi arrastrarme al hospital fue el momento más afortunado de mi vida. El momento más oscuro fue, al mismo tiempo, el inicio de la resurrección de mi vida. Estaba a un paso, a una bebida, de la muerte. Creo que nunca lo voy a olvidar".

Cuando Ángela terminó de hablar hubo un gran silencio. Finalmente, Melisa tomo la palabra y dijo simplemente: "Ángela, tú eres la mejor. Te queremos mucho". Luego, la conversación cambió, pero sospecho que ninguno de nosotros ha olvidado el poder y la gracia de las palabras de Ángela en aquella noche.

Desde el *Catecismo*: párrafos 1428, 1848, 1850, 1865

En la introducción a este libro narré la historia de un amigo a quien le gustaba bromear sobre lo que estudio y enseño: la moral cristiana es el "lado oscuro del Evangelio". Posiblemente el contenido de este capítulo corresponda a lo que él tenía en mente. En parte, esto es verdad: no es agradable hablar del pecado y del lado débil de la existencia humana. Hay que estar en guardia: este capítulo puede provocar que entres en contacto con algunos rincones y grietas de tu vida que no quisieras que fuesen conocidas por alguien más. Hablar acerca de la conversión (de la necesidad que tenemos de cambiar, de "dar la vuelta") puede ser igualmente incómodo. A pesar de todo esto, espero que sigas adelante con la lectura del capítulo.

Hay cierta verdad al afirmar que es difícil mantener una conversación honesta acerca del pecado y la conversión. En la fe cristiana, el pecado ofrece una oportunidad para hablar sobre la gracia, y la conversión es una invitación a proclamar una convicción más poderosa y optimista: alguien puede restaurarnos; el proceso ya ha comenzado. A la luz de la resurrección de Jesucristo, las palabras definitivas no son pecado y muerte, sino gracia y vida. Pregúntaselo a Ángela, la heroína en el relato inicial de este capítulo. Hay que aclarar que el punto central de su historia no es señalar al alcoholismo como un pecado. Afortunadamente hoy sabemos que el alcoholismo es una enfermedad −en realidad es una enfermedad que pone en riesgo la vida. Más bien, Ángela podría hacernos saber que el alcoholismo no es algo que tenga que ver con un pecado humano, del cual se es culpable, sino algo que tiene que ver con la fragilidad y la debilidad, y esto requiere la sanación y conversión que se abordan en este capítulo. Ángela podría decirnos que la conversión es una tarea difícil, pero también es un don.

En este capítulo analizaremos primero el "pecado original" y el "pecado actual", señalando −como lo hace el teólogo Timothy O'Connell− que en un sentido "el pecado es una realidad" y en otro sentido "el pecado es una acción". Segundo, abordaremos la conversión y, como lo hace el Nuevo Testamento, propongo que reflexionemos en la conversión no como un mandato, sino como una posibilidad u opción libre. Tercero, reflexionaremos brevemente en la resurrección de Jesucristo, lo cual nos ayuda a tener una perspectiva optimista sobre el pecado y la conversión.

Pecado: "original" y "actual"

¿Cuáles son las tres primeras cosas que vienen a tu mente cuando escuchas la palabra "pecado"? (Tómate un minuto para responder a esta pregunta antes de continuar tu lectura). Basado en mi experiencia de alumno en un salón de clase y en el ambiente de la educación de los adultos, si eres como la mayoría de la gente, probablemente tu respuesta incluye cosas como: perpetrar un fraude, mentir, asesinar, cometer adulterio, etcétera. Es una buena respuesta. En efecto, el pecado tiene mucho que ver con acciones específicas que llevamos a cabo y que llanamente son malas: no sólo errores, sino males en el sentido moral; acciones que no corresponden a lo que el ser humano debe ser ni a lo que significa ser discípulo de Cristo. El pecado tiene que ver con lo que hacemos; "el pecado es una acción".

Pero, en sintonía con O'Connell, es válido reflexionar en una dimensión de la malicia humana que parece ser más elemental que la idea de que "el pecado es una acción", es decir, el pecado "es una realidad", una situación real. El pecado no es simplemente algo que hacemos, sino algo "mucho más" insidioso que eso. Se trata de la maldad del mundo; se trata de cómo todas las cosas, especialmente nosotros mismos, no se adecuan a lo justo, o de las pequeñas imperfecciones que nos frustran o de la deformidad del odio y del mal que a veces nos estremecen. "El pecado es una realidad" y así ha sido desde el inicio. La tradición católica acentúa esta situación mediante la doctrina del pecado "original".

EL PECADO ORIGINAL

En la primera parte del *CIC*, la sección que explica "la profesión de fe", el pecado es descrito generalmente como un abuso de la libertad que Dios dio a las personas para que lo amaran y asimismo amaran a los demás (387).

Hemos sido creados a imagen y semejanza de Dios. Esto se muestra claramente a partir de nuestra capacidad de inteligencia y libertad. Asimismo, tenemos la capacidad de abusar de esas capacidades. Eso es precisamente lo que es el pecado: usar nuestra inteligencia en un modo que distorsione la verdad y usar nuestra libertad para seguir nuestros propios designios, en lugar de los de Dios. Cualquier clase de pecado implica una rebelión contra Dios.

Lo especial de la noción del pecado original es que este intento de rebelión de la humanidad contra Dios ha estado presente desde el inicio y ha pasado de una generación a otra. La historia de "la caída" de Adán y Eva en el capítulo 3 del Génesis intenta explicar, en lenguaje figurado, un suceso importante que tuvo lugar al inicio de la historia de la humanidad; una falta original de "nuestros primeros padres" que desde entonces ha influido en la humanidad (*CIC*, 390).

De acuerdo al relato del Génesis, la armonía que marcó la experiencia "original" de Adán y Eva se rompió a causa de su pecado. La rebelión de los primeros seres humanos introdujo en el mundo fuerzas del mal difíciles de superar. Y, desafortunadamente, heredamos un mundo que ha estado marcado por esa falta de armonía, la cual influye en nosotros desde el inicio de nuestra vida; es algo que "lo llevamos hasta en los huesos". Hemos sido creados a imagen de Dios y seguimos siendo fundamentalmente buenos, pero, a causa del pecado original, no nos es fácil reconocer la verdad y actuar con rectitud.

Parece injusto ¿verdad? Hemos heredado la "radiación" del pecado; los hechos de rebelión de quienes nos han precedido aun sin que lo merezcamos. Pero esta es otra historia. El *CIC* insiste en que nunca olvidemos la buena noticia del don de la salvación ofrecida a todos nosotros por medio de Jesucristo (398).

No debemos olvidar que los pecadores no estamos excluidos de la salvación ofrecida por Dios. Esto no es algo que hayamos merecido; más bien, es pura y llanamente un regalo. Recordemos que si no hemos merecido el pecado original, tampoco hemos merecido la salvación.

EL PECADO ACTUAL

El pecado original no lo es todo. Si hemos heredado un mundo en el que "el pecado es una realidad", hemos aprendido a hacerlo nuestro. En las acciones que a veces realizamos –hechos marcados por el egoísmo, la deshonestidad y la justicia– añadimos nuestra propia contribución al pecado del mundo. "El pecado es una acción". Además de lo que hemos heredado, hacemos cosas grandes y pequeñas que a veces demuestran una falta de amor y de cuidado por nosotros mismos, por los demás y por Dios.

El *CIC* describe el pecado mortal y venial de una forma que parece al mismo tiempo tradicional y de sentido común (1854). La diferencia radica en su severidad y en su efecto en nosotros.

El pecado mortal es una violación a la ley de Dios y es tan serio que destruye la vida de gracia que habita en nosotros. Este pecado nos aleja de Dios (1855). Para cometer un pecado mortal el acto mismo debe ser seriamente malo y debe realizarse con completo conocimiento y pleno consentimiento del mal (1857).

Hay algunas cosas importantes que deben señalarse. La más importante es: el pecado mortal no es casual. Podemos elaborar teorías complicadas de cómo se puede cometer pecado mortal, pero este no es algo que hagamos inadvertidamente y, probablemente, no es algo que hacemos regularmente. Como lo indica la palabra "mortal", esta clase de pecado mata la vida de Dios en nosotros, no porque Dios deje de amarnos, sino porque con nuestras obras le damos la espalda a Dios.

El *CIC* señala que si alguien comete un pecado mortal es porque existen tres condiciones. Primero, la materia en sí debe ser algo muy malo. Con esto el texto quiere decir que el "objeto" debe implicar un asunto grave. Segundo, la persona debe tener pleno conocimiento de la naturaleza grave de ese acto. Tercero, la persona debe llevar a cabo tal acción con "pleno consentimiento", esto es, con plena libertad. El *CIC* señala (1859–1860) que una persona puede hacer algo seriamente grave (acciones que la doctrina católica llama "objetivamente malas"), pero la persona puede hacerlo con un menor grado de conocimiento de la maldad de su acción o con un menor grado de libertad. En esos casos habría un menor grado de malicia o maldad, y la acción no debería considerarse como un pecado mortal, sino, quizá, un pecado venial. Incluso, puede ser que el conocimiento o la libertad de esa persona hayan sido tan reducidos (aun cuando la persona haya hecho algo "objetivamente" malo, quizá seriamente dañino para ella misma o para los demás) que no haya grado alguno de maldad personal.

La conclusión de lo anterior es que hemos de ser prudentes para evitar hacer juicios sobre la maldad de los demás. Podemos observar a otras personas cuando hacen algo malo, pero no tenemos acceso al corazón de los demás: no tenemos la capacidad de determinar el grado de conocimiento y libertad ajenos cuando hacen lo que hacen. Doy gracias a Dios por eso: Gracias a Dios —nuestro Dios compasivo y misericordioso— que no es asunto nuestro hacer ese tipo de juicios acerca de los otros; ¡ya es bastante difícil hacerlos para nosotros mismos!

El pecado venial, según lo explica (más brevemente) el *CIC*, hiere nuestra relación con Dios, pero no la destruye (1855). Mientras que el pecado mortal implica volver nuestra espalda a Dios, el pecado venial es menos dramático. El pecado venial no destruye nuestra relación con Dios, pero la debilita. Como sucede en un matrimonio o en una buena amistad, pueden darse acciones que manifiestan egoísmo, insensibilidad y olvido de la pareja. Estas cosas pueden no destruir la relación, pero ciertamente no la ayudan. De hecho, esos modelos de conducta pueden preparar el camino a la ruptura en la relación y pueden convertirse en pecado "mortal". De alguna forma el pecado venial parece formar parte de la vida diaria. Todos sabemos que la vida diaria implica dar y recibir insensibilidad y egoísmo. Y si este es el caso, entonces el perdón también necesita ser parte de nuestra vida diaria. No debemos tomar el pecado venial a la ligera, tampoco debemos exagerarlo, ni para nosotros, ni para los demás. Se necesita cierto sentido del humor y capacidad para perdonar.

Algo más respecto al pecado. El efecto del pecado original y de nuestros pecados personales es reflejo de lo que puede llamarse 'el pecado del mundo' (ver Juan 1:29). Esto se refiere a la forma en que se "muestra" la maldad humana en nuestras comunidades, en nuestras estructuras sociales y en nuestra relación con los demás (ver 408).

Esta no es una buena noticia, pero es la verdad. El pecado no es únicamente un asunto personal, sino que también tiene una dimensión social. Injusticia, perjuicio y, a veces, siglos de hostilidad y violencia son parte de la conformación de lo que llamamos "este mundo". No es útil hacer preguntas tales como: ¿A quién debemos culpar? ¿De quién fue la falta? ¿Quién empezó todo esto? ¿Quién pecó? Esta clase de maldad es mucho mayor que nosotros. Como lo señala el *CIC* (y el Papa Juan Pablo II lo hizo frecuentemente por medio de sus escritos), la dimensión social del pecado se muestra frecuentemente en las estructuras de nuestras comunidades y culturas. Por ejemplo, el racismo y la esclavitud fueron "fabricados" en las estructuras y leyes de nuestra nación. El "Apartheid" o segregación racial no fue simplemente una actitud personal, sino la manera de hacer negocios en Sudáfrica. El sexismo y otros tipos de "ismos" frecuentemente son parte de las leyes, normas y costumbres de nuestras comunidades. Todo esto es parte del "pecado del mundo". ¿No es esto abrumador? Afortunadamente esta historia está lejos de su final.

Conversión como mandato y posibilidad

Volvamos a Ángela. Sus palabras al inicio de nuestro capítulo captan muy bien lo que esta sección intenta explicar. Ángela señaló el que para ella había sido el momento "más oscuro". Pensó que había llegado a la casa de una amiga para una fiesta de cumpleaños de un compañero. Pero se convirtió en algo muy distinto. Cuando llegó ya la esperaban su familia y sus amigos, y con ellos había alguien que parecía desconocida, que poco a poco habrían de conocer; alguien que había salido del centro de rehabilitación para el abuso del alcohol y de las drogas.

La "intervención" a favor de Ángela fue motivada por la preocupación y el amor de su familia y de sus amigos, pero en su momento fue devastador. Ángela pensó que hacía bien en conservar su adicción detrás de las puertas cerradas de su vida. Pero se dio cuenta aquella noche que sólo se había engañado a sí misma. Cada uno de sus amigos –incluyendo dos de sus hermanos– describieron con penosos detalles algunas ocasiones cuando era evidente que su manera de beber estaba fuera de control: las caídas, los golpes, el accidente automovilístico, las ausencias en el trabajo, etcétera. Estas cosas no habían sido ignoradas, y era penoso escuchar todos esos episodios. Ángela se encontraba totalmente desconcertada; ella fue llevada al hospital aquella noche sintiéndose desnuda, inútil, sola.

Sin embargo, sabemos cómo cambió la historia. Hoy, Ángela describe aquel "más oscuro de los momentos" como "el momento más afortunado" en su vida. En aquella noche en casa de su amiga, Ángela comenzó a aprender –gradualmente– que no estaba sola. Con ayuda de los demás y con la gracia de Dios, pudo convencerse de que había un sendero que podía sacarla de la sombra, de la tumba oscura en la que estaba viviendo. Ella había tomado ese sendero. Once años más tarde –y quién sabe con cuántas reuniones de AA– se había convertido en una persona enteramente distinta. Sabe que "esto es un milagro".

¿Qué es la conversión? La historia de Ángela capta gran parte de lo que es la conversión. El llamado a la conversión –llamado al cambio– no es sólo un mandato, sino una opción libre, una posibilidad.

Como ya se vio en la presentación sobre el Reino de Dios en el capítulo 2, las primeras palabras salidas de la boca de Jesús en el Evangelio de San Marcos son: "El plazo se ha cumplido. El Reino de Dios está llegando. Conviértanse y crean en el Evangelio" (Marcos 1:15). Esta es una buena y mala noticia. La mala noticia es que debemos reconocer nuestra maldad. La buena noticia es que, aceptando nuestra maldad, el Espíritu Santo nos conduce a una nueva vida. El Papa Juan Pablo II explicó esta doble dinámica de pecado y conversión.

> La conversión *exige la convicción del pecado,* contiene en sí el juicio interior de la conciencia, y éste, siendo una verificación de la acción del Espíritu de la verdad en la intimidad del hombre, llega a ser al mismo tiempo el nuevo comienzo de la dádiva de la gracia y del amor: "Recibid el Espíritu Santo".
>
> (*Dominum et vivificantem, 31*)

Para decirlo más sencillamente, la conversión no solamente es un mandato, sino una opción libre. Quizá no existe una historia en el Nuevo Testamento que capte mejor este aspecto de mandato y opción libre de la conversión que el relato de la mujer sorprendida en adulterio, en el capítulo 8 del Evangelio de San Juan. (Sería bueno en este momento hacer una pausa para leer esa historia en el Evangelio). Leyendo entre líneas, no es difícil suponer que la mujer haya pensado: "todo ha terminado". Debió ser abrumadora la experiencia de culpa y vergüenza pública. Debió sentirse objeto de desprecio: al centro de la confrontación entre Jesús y los jefes religiosos.

Además, la mujer había sido víctima de una injusticia sexista: ¿Dónde estaba el hombre, su cómplice? Ella estaba sola, avergonzada, quizá diciendo en su interior: "por favor, adelante, tiren las piedras. Mi futuro se ha ido, mi vida ha terminado, acaben con esto de una vez por todas".

Pero, en lugar de eso, encontró a Jesús y se abrió para ella la posibilidad de un futuro. "*Vete*", le dijo Jesús. Sencillamente: "*vete*". Por supuesto que esta mujer tenía un largo camino que recorrer para reorientar su vida; vio que podía moverse, comenzar de nuevo a partir del más oscuro de los momentos. Sí, ella podía irse; debía evitar este pecado en lo sucesivo. La buena noticia era que ella podía irse. Si hubiese una palabra más esperanzadora en todo el Nuevo Testamento esa podría ser "vete". "Vete" no sólo es un mandato, sino una posibilidad, una opción libre.

El relato no nos dice nada más acerca de esta mujer, acerca de lo que le aconteció después. Si debía partir de esta experiencia ¿cómo lo hizo? Tomando como base el relato de Ángela, parece probable que no estaría sola. Nos parece cierto que seguiría hacia delante con la ayuda de los demás, porque la mayoría de las veces nos convertimos en instrumentos mutuos de la gracia de Dios.

La gracia transformadora de Cristo es eficaz y trabaja en nuestra vida; nos da esperanza en momentos oscuros, nos ayuda a comenzar de nuevo. A menudo sucede esto con la ayuda de los demás. Ángela no habría podido narrar la historia de su salida del alcoholismo sin la ayuda de las personas que la impulsaron a ponerse en acción, que le mostraron el camino a seguir. Esto demuestra una de las convicciones fundamentales de la fe cristiana: Dios nos salva de nuestros pecados mediante la vida y la obra de Jesucristo. Ahora, por el poder del Espíritu Santo, la gracia salvadora de Cristo se efectúa por medio de los demás.

Podemos terminar estas reflexiones sobre la conversión atendiendo a la naturaleza social de la conversión. Hasta ahora, muchos de los ejemplos empleados en este capítulo han tenido que ver con las dinámicas del pecado y conversión personal. En el interior de la persona se da la maldad y el llamado a la conversión de manera más profunda. Podría parecer engañoso concluir aquí la conversación. El *CIC* señala algo importante para la conversión interior: para que sea completa la conversión ésta debe implicar la transformación de nuestras instituciones y estructuras humanas, porque ellas, como hemos visto, también están marcadas por la maldad humana (1888).

El Reino de Dios no significa simplemente la transformación de las personas, sino la transformación de este mundo en un Reino de justicia, amor y paz. Las dinámicas del pecado y de la gracia describen no solamente lo que sucede en los corazones humanos, sino también lo que Dios planea a favor del mundo. Dios proyecta la transformación de las comunidades y culturas enredadas a veces con la injusticia y con la violencia. Las diversas estructuras e instituciones de nuestra sociedad que forman el marco de la maldad humana constituyen un llamado a la conversión.

¿Es posible este tipo de conversión? Lo masivo, lo extenso de la injusticia y la violencia social podría dar la impresión que esta conversión social es remota, quizá ilusoria. Sin embargo, es muy útil tomar en cuenta lo sucedido en lugares como Sudáfrica en décadas recientes. Es cierto que la transformación social aún no se ha completado, pero lo sucedido ahí es sumamente dramático. Podemos notar que está en marcha el proceso de conversión social también en otros lugares, y de diversas maneras. Si abrimos los ojos, podremos notar que la conversión personal y social es posible y cercana, tanto como mandato, posibilidad u opción libre.

Resurrección, fe y esperanza cristiana

De manera similar a nuestra conversación sobre el Reino de Dios en el capítulo 2, este capítulo sostiene que la conversión del pecado –personal y social– hacia la gracia, no sólo es un mandato, sino una posibilidad como opción libre. Esta idea es esperanzadora, pero habría que preguntarse: "¿Se trata de algo real o de algo deseable? ¿Cuál es la base de nuestra esperanza?".

La fe cristiana no vacila en su respuesta a esta pregunta. El fundamento de la esperanza cristiana –la base de la esperanzada fe cristiana que sostiene que no sólo debemos, sino que podemos ser transformados del pecado a la gracia, de la muerte a una nueva vida– es nada menos que la resurrección de Jesucristo. La Primera Carta de Pablo a los Corintios nos recuerda: "Y si Cristo no ha resucitado, tanto mi anuncio como la fe de ustedes no tienen sentido" (1 Corintios 15:14; ver también *CIC*, 651).

La fe cristiana comienza con la creencia de que Cristo ha resucitado de entre los muertos, por eso no ha sido en vano la predicación de la Buena Noticia de que podemos ser transformados.

Parece obligado hacernos un par de preguntas: ¿Realmente creemos en la Resurrección? ¿Qué es lo que creemos? Hay tres cosas que la fe en la Resurrección de Cristo nos invita a creer. Cada una de ellas tiene que ver con la imagen de la tumba vacía.

La primera cosa que tiene que ver con la fe en la resurrección del creyente es precisamente la Resurrección de Jesucristo. Este es el misterio central de la fe cristiana (*CIC*, 638).

Recordemos el relato del Evangelio proclamado el domingo de Pascua, acerca de la mujer que llegó a la tumba para ungir el cuerpo de Jesús. Lo que ella encontró fue una tumba vacía y al ángel preguntando: "¿Por qué buscan entre los muertos al que está vivo? No está aquí, ha resucitado" (Lucas 24:5). La fe en la resurrección comienza con una convicción acerca de lo que sucedió a Jesús; ninguna tumba era lo suficientemente profunda o lo suficientemente fuerte como para retener al Hijo de Dios. La Resurrección es una confirmación de la obra y la enseñanza de Cristo, así como una confirmación de su propia divinidad (*CIC*, 651, 653).

Pero si la fe en la resurrección se detiene aquí, entonces se detiene muy pronto. Un segundo aspecto del relato de Pascua —y aún más asombroso— es que estamos invitados a creer no sólo en la Resurrección de Cristo, sino en nuestra propia resurrección. La primera carta de Pablo a los Corintios lo señala de esta manera: "Y como por su unión con Adán todos los hombres mueren, así también por su unión con Cristo, todos retornarán a la vida" (1 Corintios 15:22).

La fe en la resurrección no se refiere sólo a la tumba vacía de Jesús, sino también a nuestra propia tumba vacía. ¡Sorprendente! ¿Nos atrevemos a creerlo? Aquellos que vivimos en Cristo participamos de su mismo destino. Aquellos que viven vidas de amor esperan el abrazo final de Dios que es amor. Si alguna vez has llorado en un sepulcro y caminado con la convicción de que aquella persona que amas no está ahí, que no es su destino final la fría y sombría tierra, y has creído que esa persona ha sido transformada y que ahora vive con Dios, entonces has llegado al segundo nivel de la fe en la resurrección. La muerte no fue la palabra final para Jesús, tampoco lo es para nosotros. Nuestras tumbas también podrán estar vacías.

Esto no es todo. La fe en la resurrección nos invita a algo más. Este tercer aspecto de la fe en la resurrección no es para los débiles de corazón. Se trata de algo profundamente esperanzador y, al mismo tiempo, profundamente comprometedor. Este es el aspecto de la fe en la resurrección que Ángela refirió a sus amigos como el más oscuro de sus momentos, pero que al mismo tiempo significaba el inicio de su resurrección.

Ángela parece comprender que la Resurrección no fue simplemente algo que le sucedió a Jesús hace mucho tiempo, y que no es simplemente algo que nos acontecerá al final de nuestras vidas. Más bien, se trata de algo que deseamos que nos suceda actualmente. La plenitud de la fe en la Resurrección es la capacidad de creer que las tumbas sombrías en las que vivimos —tumbas del pecado, temor, resentimiento, hostilidad, injusticia— pueden quedarse vacías; se trata de la capacidad de creer que mediante el Espíritu Santo, el poder de Cristo resucitado actúa en nosotros, y que mediante esta fuerza podemos ser resucitados de todo lo que nos "sepulta", de todo lo que nos impide desarrollar todas nuestras capacidades a nivel personal y comunitario.

Jesucristo resucitado vive en nosotros (*CIC*, 655), y esta es la vida del resucitado, la que hemos llamado vida de gracia y que nos hace capaces de llevar una vida nueva. Como Ángela bien nos lo recordaría: no estamos hablando de algo mágico. (En las palabras de Dietrich Bonhoeffer, no hay "gracia barata"). No es fácil la transformación de nuestra "fragilidad" en "fortaleza" y "plenitud". Nuestra transformación no sucede de la noche a la mañana; siempre requiere de nuestra cooperación y determinación. Semejante transformación es una posibilidad aquí y ahora. Los que creen en la resurrección creen que la conversión tiene que ver con la gracia de Cristo resucitado, que sigue actuando, hoy, a favor nuestro.

☙ ✝ ❧

Para reflexionar

1. ¿Cuáles son las tres primeras ideas que te vienen a la mente cuando escuchas la palabra "pecado"? ¿Modificó tu manera de pensar respecto al pecado la lectura de este capítulo? ¿En qué sentido?

2. ¿Qué relación hay entre la historia de Ángela con la debilidad humana? ¿Podría Ángela ser identificada con una heroína o una santa? Si la respuesta es afirmativa, ¿en qué sentido?

3. En este capítulo se analizó la posibilidad de que alguien llegue a realizar algo seriamente malo sin que por ello se cometa un pecado mortal. ¿Podrías dar un ejemplo de esto? ¿Qué podría ser útil para establecer tal distinción? ¿Qué podría ser un factor de riesgo en tal distinción?

4. El capítulo sostiene que la conversión no es un simple mandato, sino también una posibilidad, una opción libre. Si así

lo piensas, ¿podrías contar una historia que ilustre tales aspectos de la conversión?

5. ¿Qué crees acerca de la resurrección? ¿Piensas que se trata de un acontecimiento futuro? ¿Puedes dar un ejemplo –tomado de tu propia vida o la vida de los demás– del efecto aquí y ahora que tiene en alguien la fe en la resurrección?

CAPÍTULO 5

La moral cristiana y los problemas de la salud y de la vida

Andrés

A pesar de que Andrés tiene sólo ocho años, ya tiene SIDA. El SIDA en un niño como Andrés provoca en los adultos protestas o silencio: es absurdo ese dolor, sobre todo en niños. Su historia familiar es verdaderamente triste: problemas cardíacos combinados con hemofilia, transfusiones de sangre en los primeros meses de vida, infecciones, fiebres, etcétera. Todo esto condujo –hace varios años– al diagnóstico: VIH+. El estado de su salud ha seguido deteriorándose. La droga Azidothymidina (AZT) dio resultados durante algún tiempo, pero ahora Andrés está perdiendo la batalla, se está consumiendo o "no está creciendo". Los especialistas han hablado de nuevos tratamientos que podrían aplicársele a Andrés: son sólo experimentales, pero han dado señales de ser eficaces, y por lo tanto, dan algo de esperanza. Por supuesto que se corren riesgos, pero la situación a largo plazo ya no es muy esperanzadora para Andrés. ¿Qué es lo mejor para él?

Tía Mabel

Tía Mabel tiene setenta y cuatro años. Sufrió una severa caída hace cinco semanas y desde entonces está en la sala de terapia intensiva; conectada a un ventilador y a un tablero de artefactos de alta tecnología. Los doctores insisten en que se puede recuperar, sin embargo, sus sobrinas y sobrinos no están muy seguros de ello. Algunos sienten que no es posible continuar con todo ese tratamiento y que Mabel no estaría de acuerdo con el mismo. Otros están confundidos con la idea de "dejarla ir".

Desde el *Catecismo*: párrafos 2258, 2276, 2288

Los últimos tres capítulos son diferentes de los primeros cuatro. En los capítulos precedentes abordamos temas y enseñanzas de fe que sirven de base para la vida moral cristiana. Hemos visto que vivir según la moral cristiana significa responder al admirable amor de Dios; significa participar en la edificación del Reino de Dios. Al esforzarnos por ser personas de buena conciencia, asumiendo el mandato constante y la posibilidad u opción libre de la conversión, podremos pasar del pecado a la vida de gracia.

Volvamos nuestra atención a situaciones más específicas respecto a ciertas áreas de la vida humana. En el presente capítulo examinaremos la responsabilidad de preservar nuestra salud y nuestra vida, así como la salud y la vida de quienes han sido confiados a nuestro cuidado. En el capítulo 6 examinaremos algunas responsabilidades importantes en el área de la sexualidad humana, y en el capítulo final nos detendremos en algunas de nuestras responsabilidades sociales, como discípulos de Cristo. Los temas y enseñanzas fundamentales examinados en la primera parte del libro seguirán estando en la base de nuestra exposición, pero ahora abordaremos más particularmente cómo la moral cristiana puede aplicarse en situaciones concretas.

¿Qué es realmente lo mejor para Andrés, en su trágica situación, descrita previamente? ¿Qué tan intensivo debería ser el tratamiento para este niño de apenas ocho años? ¿Cómo debe proceder la familia de la tía Mabel en la situación que afrontan? Parece que hay algunas opiniones divergentes respecto a lo que se puede hacer para ayudar a esta mujer.

Este capítulo no ofrece un recetario de soluciones simples, pero sí ofrece algunos principios de la sabiduría contenida en la tradición católica; y que el *CIC* nos presenta. Vamos a concentrarnos en una enseñanza constante de la Iglesia Católica respecto a la promoción de la salud y la preservación de la vida; se trata de asuntos relacionados con la privación "directa" e "indirecta" de la vida y de algunos criterios útiles que arrojan luz sobre el uso y no uso del tratamiento médico.

Convicciones católicas respecto a la promoción de la salud y preservación de la vida

¿Qué responsabilidades hemos de asumir para cuidar nuestra salud y preservar nuestra vida? En caso de que seamos profesionales de la salud, ¿qué clase de responsabilidades debemos asumir para cuidar la salud y preservar la vida de los que han sido confiados a nuestro cuidado?

A lo largo de los siglos, la fe católica ha empezado desde una base muy clara para responder a estas preguntas.

> La vida humana es sagrada porque desde su inicio comporta la acción creadora de Dios y permanece siempre en una especial relación con el Creador, su único fin.
>
> (*Donum vitae,* Instrucción sobre el respeto de la vida humana naciente y la dignidad de la procreación, Introducción)

> La vida y la salud física son bienes preciosos confiados por Dios. Debemos cuidar de ellos racionalmente teniendo en cuenta las necesidades de los demás y el bien común.
>
> (*CIC, 2288*)

De los pasajes previos hay dos cosas importantes que deben señalarse. Primero, nuestra actitud y disposición a actuar respecto a la salud y a la vida está directamente relacionada a lo que podemos llamar una "teología católica de la creación". La vida es sagrada; es un don de amor del Creador. Esto se aplica para todo lo que Dios ha creado, particularmente a la vida humana. Todo ser humano tiene una relación especial con Dios por ser creado a su imagen y semejanza, y porque Él preserva la vida gracias a su mano providente. Dios es el origen de nuestra vida; Dios acompaña el transcurrir de nuestra vida aquí en la tierra y nuestro destino final es la vida eterna con Él. Desde el inicio hasta el final, la vida es sagrada.

Si esto es verdad, la postura de las familias del pequeño Andrés y de la tía Mabel debería implicar lo siguiente: las decisiones que han de afrontar en torno al tratamiento adecuado para sus seres queridos deben partir de la convicción fundamental de la fe: la vida humana es sagrada. La vida humana no debe únicamente respetarse, sino reverenciarse, especialmente cuando la vida humana es frágil, como es el caso de los muy jóvenes, los muy ancianos o los muy atribulados *(CIC, 2276)*. Esta última idea no se atribuye a los autores del *CIC*, se trata de una doctrina que aparece en casi todas las páginas de la Biblia y ha formado parte de la tradición cristiana desde sus inicios: Dios está presente en la creación, en todos los seres humanos, pero de una manera especial, Dios acompaña continuamente a aquellos que sufren, a aquellos que son vulnerables.

Como lo veremos en el capítulo 7, la enseñanza católica ha enfatizado en años recientes que nuestra vida debe mostrar una especial "opción por los pobres"; un amor y cuidado especial por nuestros hermanos y hermanas que están necesitados. Esto se aplica también a decisiones médicas morales que afectan a personas como Andrés y tía Mabel. Su vulnerabilidad proviene no sólo de su condición física, sino también de su incapacidad de expresarse y de tomar sus propias decisiones. Deberán confiar en que aquellos que los rodean procurarán hacer lo que es mejor para ellos. Si las personas que rodean a Andrés y a la tía Mabel proceden conscientes de que por sus acciones ellas manifiestan el cuidado amoroso de Dios, entonces, el proceso de la toma de decisión a favor de sus seres queridos habrá tenido un buen inicio.

Pero hay un segundo aspecto que debemos notar en torno a la actitud católica, la cual nos anima a promover la salud y a la preservación de la vida. En efecto, deberíamos tomar conciencia del carácter sagrado de la vida (la nuestra y la de otros); deberíamos realizar acciones concretas para preservar los dones de la vida y de la salud *(CIC, 2288)*. Pero esto no quiere decir que debemos apegarnos desesperadamente a nuestra vida física. La tradición católica no señala que hemos de tomar medidas extremas para prolongar la vida. La vida es sagrada, pero puede haber ocasiones en las que surgen otros bienes y valores más importantes que la preservación de la vida. Este es el caso del martirio (el ejemplo más notable fue el de Jesús); es el caso de aquellos que han estado dispuestos a entregar su vida antes que renegar de su fe. Esta es la razón por la que honramos como héroes y heroínas a aquellas personas que han dado su vida al servicio de su país; para proteger a los inocentes o por alguna otra causa noble.

La vida es sagrada, pero hay ocasiones cuando otras cosas prevalecen sobre la preservación de la vida. Somos, ante todo, personas que tienen fe en la resurrección, con la convicción de que la muerte no es la última palabra. Cuando "nos desprendemos" de un ser querido y dejamos que la muerte tome su curso normal en lugar de adoptar tratamientos médicos demasiado gravosos, no representa una falla, ni médica ni espiritual. En la Plegaria Eucarística de la Misa se afirma una gran verdad: los cristianos son aquellos que creen que, con la muerte, la vida no termina, sólo se transforma.

Convicciones católicas respecto a la privación directa e "indirecta" de la vida

Hemos dicho que la vida humana es sagrada y que la primera actitud que deberíamos tomar hacia la vida es la de la reverencia. Esta es la base para ser responsables de la promoción de nuestra salud y de la preservación de nuestra vida, así como la vida de quienes han sido confiados a nuestro cuidado. Pero debemos ser aún más específicos. En esta sección examinaremos una norma católica tradicional respecto a las acciones que deberíamos evitar en relación a la vida humana. En la siguiente examinaremos los principios de la Iglesia Católica que nos han sido propuestos en caso de afrontar decisiones que tienen que ver con tratamientos médicos.

Apoyándose en la enseñanza tradicional católica, el *CIC es muy claro al abordar la eutanasia, el suicidio asistido y el aborto.*

Cualesquiera que sean los motivos y los medios, la eutanasia directa consiste en poner fin a la vida de personas disminuidas, enfermas o moribundas. Es moralmente inaceptable.

(2277)

Y porque "somos administradores y no propietarios de la vida que Dios nos ha confiado. No disponemos de ella" (*CIC*, 2280), el suicidio "contradice la inclinación natural del ser humano a conservar y perpetuar su vida. Es gravemente contrario al justo amor de sí mismo (*CIC*, 2281). De acuerdo a lo anterior, asistir voluntariamente al suicidio de otra persona (ya sea actuando como miembro de la familia o usando la capacidad "profesional") es igualmente "contrario a la ley moral" (*CIC*, 2282). Empleando las mismas categorías y casi idéntico lenguaje, el *CIC* también enseña que "el aborto directo, es decir, querido como un fin o como un medio, es gravemente contrario a la ley moral" (2271).

Estos pasajes expresan una fuerte convicción: "la eliminación directa y voluntaria de un ser humano inocente es siempre gravemente inmoral" (Carta encíclica, *Evangelium vitae*, sobre el valor y el carácter inviolable de la vida humana, 57), publicada en 1995. Se trata de palabras cuidadosamente escogidas, como lo fueron las del *CIC*. En base a la enseñanza católica, hay una distinción entre privación "directa" de la vida y privación "indirecta" de la vida (en la enseñanza católica, los dos conceptos no deben crear conflicto, y si así lo fuera, algo estaría equivocado). Lo que se ha olvidado por completo es que quitar "directamente" la vida a un inocente es contrario a lo humanamente razonable y, al mismo tiempo, contrario a la Ley de Dios.

La tradición católica señala una diferencia entre la manera "directa" e "indirecta" de privar de la vida. Tomar la vida de otro "directamente" sucede cuando se hace algo (o se deja de hacer algo) que es dirigido inevitablemente hacia la muerte de ese ser humano. La eutanasia "directa" (a veces llamada "muerte por compasión") tendría lugar si físicamente se llegase a administrar a un paciente una dosis letal de droga, con el fin de poner término a su vida, de manera que ya no continúe su experiencia de pena o sufrimiento. Aun si ello fuese motivado por compasión, la tradición católica juzga como perversa tal acción porque no tenemos esa clase de autoridad sobre el don de la vida; somos "administradores", no "poseedores" de la vida. En este sentido, para la tradición católica, el aborto "directo" sucede cuando, por cualquier motivo se hace una intervención, cuyo objetivo es terminar con la vida de un bebé que no ha nacido. ¿Por qué es una acción malvada? Porque estamos obligados a respetar y proteger la vida humana desde el momento de la concepción (*CIC*, 2270).

Sería bueno recordar algo de la presentación en torno a la conciencia, en el capítulo 3, y de los requisitos para que alguien sea culpable de pecado, tema abordado en el capítulo 4. Es parte de la enseñanza católica la afirmación de que, a veces, una persona puede realizar algo que es objetiva y "gravemente" malo, sin que necesariamente sea culpable de maldad personal. Una variedad de factores pueden disminuir o, incluso, suprimir cualquier grado de culpabilidad o maldad "subjetiva". En la doctrina católica, una acción podría ser considerada "mala" —quizá sumamente seria, como en el caso de las acciones que examinamos aquí— sin que pueda establecerse juicio alguno acerca del grado de maldad de la persona que la comete.

La doctrina católica considera la privación "directa" de la vida como algo absolutamente malo. La privación "indirecta" de la vida es otro asunto. A veces, una persona llega a hacer algo (o deja de hacerlo) que tiene un efecto primario o "directo" (uno que es bueno) y, al mismo tiempo, un efecto secundario o "indirecto" (que puede ser rechazable o que debería —si fuese posible— evitarse). Esas acciones de doble efecto podrían justificarse con tal de que la persona intente (busque) solamente el efecto bueno; que el buen efecto no se produzca por medio del efecto rechazable; que haya una buena razón para llevar a cabo en primer lugar tal acción de doble efecto. Si esta acción implica la pérdida de la vida humana, la tradición católica la consideraría como privación "indirecta" de la vida. Algunos ejemplos podrían ser útiles.

La enseñanza católica considera que es perversa la "eutanasia directa": la administración de una dosis letal de alguna droga para poner fin a la vida de un paciente atormentado por el sufrimiento. Pero se puede permitir –y, de hecho, es algo objetivamente correcto– el suprimir el tratamiento médico que se ha convertido en un medio excesivamente gravoso de conservar la vida o remover un tratamiento que ya no es beneficioso, aun cuando se sepa que suspenderlo podría (incluso inevitablemente) conducir a la muerte del paciente. Este sería el caso en el que un médico, en una sala de cuidado intensivo, quita el ventilador a un paciente que está en la etapa final de un cáncer, dado que el continuar con ese tratamiento ya no le traería ningún beneficio al enfermo. También sería este el caso de la familia del pequeño Andrés, referida al principio de nuestro capítulo, si decide no proseguir con un tratamiento posterior y más agresivo y mantener simplemente a Andrés en condiciones menos incómodas o sin tanta agresividad debida al tratamiento. Tales decisiones (en el primer caso "hacer algo", en el segundo caso "dejar de hacer algo" o "evitar algo") han de realizarse tomando conciencia de que tal acción u omisión muy probablemente causará la muerte del paciente. Aun cuando esto se haya previsto, no debe buscarse "directamente" la muerte del paciente. Lo que se busca es suprimir o quitar un tratamiento ineficaz o no iniciar un tratamiento excesivamente gravoso. En efecto, la muerte puede sobrevenir a partir de tales decisiones, pero para la tradición católica, esta privación "indirecta" de la vida es justificable. Lo mismo puede decirse en los casos de legítima autodefensa. Si alguna persona necesita hacer uso de fuerza letal para protegerse a sí misma contra agresores injustos, la enseñanza tradicional de la Iglesia considera esta acción (autodefensa) justificable, dado que se trata de una manera "indirecta" o "no intencionada" de privar de la vida a alguien (*CIC*, 2263).

De manera parecida, el *CIC* considera como gravemente malo el aborto directo, pero reconoce que pueden justificarse las intervenciones que implican un aborto "indirecto". El ejemplo empleado con mayor frecuencia es el caso de una mujer embarazada a quien le diagnosticaron cáncer en el útero. Al aceptar que no es posible prolongar la cirugía para remover el útero canceroso, podría tener lugar lo que se ha considerado un aborto "indirecto", el cual se justificaría, aun cuando como efecto rechazable se produjese la pérdida de la vida del pequeño en gestación y la pérdida de la fertilidad de la mujer. En situaciones como ésta, lo que se "busca" o intenta directamente" es el buen efecto (preservar la vida de la mujer); y, ciertamente, hay una razón buena y suficiente para llevar a cabo esa acción (cirugía) en primer lugar.

Espero que con todo esto no haya provocado confusión. Algunas de estas ideas, categorías y distinciones son sumamente difíciles y complejas, pero la vida es compleja y hemos de poner atención a sus detalles, especialmente en situaciones en las que la vida está en riesgo. En este sentido, debe analizarse apropiadamente cada elemento de la toma de decisión. Sin embargo, hay quienes opinan que esas distinciones y análisis son superfluos, y que corresponden más bien a asuntos de lenguaje (semántica), que a la realidad. No causa sorpresa darse cuenta que aquellos que están a favor del suicidio médico asistido (al menos así parece) y aquellos que justifican la eutanasia directa, lleguen a considerar como un "mito" la distinción entre las nociones "directa" e "indirecta", respecto a la privación de la vida de otro. Tales personas podrían argumentar, por ejemplo: "Cuando el médico de la unidad de terapia intensiva quita el ventilador al paciente con cáncer terminal está matando al paciente. Afrontemos el hecho y busquemos otros criterios para determinar cuándo es correcto y cuándo no, quitar la vida a alguien".

La doctrina católica se opone vehementemente a este tipo de posturas, convencida de que tal punto de partida conduciría inevitablemente a callejones sin salida, a no proteger suficientemente la vida de personas vulnerables y a disminuir la reverencia que debemos rendir a la vida en sí. La doctrina católica sostiene que, a pesar de su complejidad, la distinción entre privar de la vida "directa o indirectamente" no sólo es real, sino que también ayuda a aclarar la línea divisoria entre lo que es correcto y lo que es malo; aclarar que hay ciertas cosas que nuestro sentido de reverencia por la vida nunca habrá de permitir.

Convicciones católicas respecto al uso y abstención de tratamiento médico

La doctrina católica nos enseña que debemos emprender acciones concretas para promover nuestra salud y preservar nuestra vida, y hacer lo mismo para aquellos que se nos han confiado. Hemos examinado, también, la doctrina tradicional y firme que sostiene que nos hemos de abstener de hacer cualquier cosa que implique la terminación directa de la vida humana.

Abordaremos, ahora, un aspecto diferente de la doctrina católica respecto al cuidado que debemos tener por nuestra vida y nuestra salud.

Afortunadamente, la mayoría de nosotros no tiene intención de practicar la eutanasia o el suicidio asistido, ni en contra de nosotros mismos, ni en contra de aquellos que están a nuestro cuidado. Pero todavía quedan pendientes muchas preguntas, por ejemplo: ¿Qué tipo de tratamiento médico estamos obligados a emplear para promover la salud y prolongar la vida? ¿Qué clase de tratamiento médico es apropiado para Andrés y tía Mabel? Las familias de estos pacientes vulnerables saben –de acuerdo a los relatos que inician nuestro capítulo– que la respuesta a este tipo de preguntas no siempre es obvia.

La tradición católica no ofrece una fórmula de solución rápida, pero sí nos ofrece una extraordinaria sabiduría. Si la pregunta es: "¿Qué clase de tratamiento médico es apropiado para cada situación especial?", la doctrina católica responde: "eso depende". Desde el siglo XVI, los teólogos han señalado que estamos obligados a usar los medios ordinarios del tratamiento médico, pero no estamos obligados a usar medios extraordinarios para preservar la salud o la vida. Esta enseñanza se ha transmitido de distintos modos a lo largo de los años, pero en 1950, el teólogo católico Gerald Kelly propuso esta distinción:

> **Ordinario** quiere decir todos los medicamentos, tratamientos y operaciones que ofrecen una esperanza razonable de beneficio y que pueden obtenerse y

usarse sin que esto implique un costo monetario excesivo, dolor o algún otro inconveniente.

Extraordinario quiere decir todos los medicamentos, tratamientos y operaciones que pueden obtenerse o utilizarse sólo con un costo monetario excesivo, dolor o algún otro inconveniente, o que si son usados, no ofrecen una esperanza o beneficio razonable.

("The Duty to Preserve Life",
Theological Studies, Vol. 12, 1950, p. 550)

La definición de los medios de tratamiento "ordinarios" y "extraordinarios" expresados aquí por el teólogo Kelly ya se encontraban en los escritos del Papa Pío XII durante la década de 1950. El núcleo de esa enseñanza fue expresada por parte de la Congregación para la Doctrina de la Fe, en la *Declaración sobre la Eutanasia* (1980). Les presento, brevemente, algunos párrafos de importancia especial tomados de tal Declaración.

¿Pero se deberá recurrir, en todas las circunstancias, a toda clase de remedios posibles? Hasta ahora los moralistas respondían que no se está obligado nunca al uso de los medios "extraordinarios"... [Hoy] algunos prefieren hablar de medios "proporcionados" y "desproporcionados". En cada caso, se podrán valorar bien los medios poniendo en comparación el tipo de terapia, el grado de dificultad y de riesgo que comporta, los gastos necesarios y las posibilidades de aplicación con el resultado que se puede esperar de todo ello, teniendo en cuenta las condiciones del enfermo y sus fuerzas físicas y morales...

Es también lícito interrumpir la aplicación de tales medios, cuando los resultados defraudan las esperanzas puestas en ellos. Pero, al tomar una tal decisión, deberá tenerse en cuenta el justo deseo del enfermo y de sus familiares, así como el parecer de médicos verdaderamente competentes; éstos podrán sin duda juzgar mejor que otra persona si el empleo de instrumentos y personal es desproporcionado a los resultados previsibles, y si las técnicas empleadas imponen al paciente sufrimientos y molestias mayores que los beneficios que se pueden obtener de los mismos. (Sección IV).

Nótese la clase de enseñanza que ofrece aquí la Iglesia. Hay dos criterios para determinar si una intervención es ordinaria o extraordinaria, si es éticamente obligatoria o no lo es. Primero, ¿ofrece la intervención una esperanza o un beneficio razonable al paciente? Segundo, ¿puede realizarse la intervención sin un excesivo costo monetario, sufrimiento u otro tipo de carga?

Si los criterios se entienden correctamente, no hace falta hacer un largo listado de tratamientos ordinarios y extraordinarios. Sin embargo, estamos llamados a hacer un juicio específico sobre lo que es correcto para cada persona y situación particular. A veces, puede renunciarse al tratamiento para conservar la vida (no iniciarlo o suprimirlo) si la carga que implica es desproporcionada respecto a los beneficios que probablemente puedan obtenerse. Como ya lo he señalado, la doctrina católica consideraría que es un caso de privación "indirecta" de la vida si la muerte sobreviene a una persona al tomarse la decisión de evitar una carga excesiva o renunciar a un tratamiento que no beneficiaría en nada.

El valor de esta enseñanza consiste en que ofrece algunos criterios útiles para toda ocasión: criterios que implican efectuar aplicaciones flexibles en diversas situaciones. Por ejemplo, a veces, la quimioterapia puede considerarse como un medio apropiado, debido a que ofrece una esperanza razonable de beneficio a un paciente, aun cuando este tratamiento implique una carga real, y el paciente juzga que hay una justa proporción entre la carga y la expectativa de beneficios. Para otras personas (o posteriormente, en el curso de la misma enfermedad de la persona) la quimioterapia puede considerarse como algo inapropiado, debido a que se modifica la proporción entre daño y beneficio. Esta doctrina tiene una cierta flexibilidad, es decir, se acepta que a diferentes tipos de situaciones correspondan juicios diversos sobre el tratamiento que debe asumirse. Por el contrario, es absolutamente clara la fuerte prohibición contra todas las formas de eutanasia o privación "directa" de la vida.

Debemos mostrar nuestra reverencia por la vida mediante el uso de tratamientos que ofrezcan una esperanza razonable de beneficio y que no representen una carga excesiva. Pero, a este respecto, es necesario no caer en escrúpulos. Hay que tener muy en cuenta que no es fácil afrontar la muerte, ni "dejar partir" a una persona. Nuestra fe señala que no es necesario que nos aferremos desesperadamente a la vida, como si fuera lo único que hay. Estamos llamados a estar agradecidos por el don de la vida y ser buenos administradores de ese don, pero haremos bien en recordar que nuestra vida con Dios se extiende más allá del horizonte de este mundo.

❧ ✝ ☙

Para reflexionar

1. ¿Qué significa que la vida humana es sagrada? ¿Puedes mencionar alguna ocasión, alguna vez en tu vida, en la que hayas experimentado el valor sagrado de la vida humana? ¿Qué tipos de cosas o situaciones pueden obstruir tu apreciación del carácter sagrado de la vida humana? ¿Qué cosas o situaciones pueden alentar esta apreciación?

2. Intenta explicar —según tus palabras— la distinción que hay entre la privación "directa" e "indirecta" de la vida. ¿Le encuentras sentido a este principio? ¿Te han ayudado los ejemplos empleados en este capítulo a comprender tal distinción? ¿Sí o no?

3. La distinción entre privación "directa" e "indirecta" de la vida parece indicar que hay excepciones al mandamiento "No matarás". Sin embargo, no es así: no hay excepciones al mandamiento. ¿Qué diferencia hay entre "privar de la vida" y "matar"?

4. La tradición católica sugiere que, cuando afrontemos decisiones sobre un tratamiento médico, deberíamos aplicar los criterios de "carga" (daño) y "beneficio". Explica con tus propias palabras tales criterios. ¿Recuerdas alguna ocasión en la que has tenido que asumir una decisión sobre algún tratamiento médico? Intenta analizar esa situación usando los criterios de "carga" (daño) y "beneficio".

CAPÍTULO 6

La moral cristiana y la sexualidad humana

El padre Memo

El padre Memo tiene un problema. Ya era bastante difícil encontrar respuesta a la situación de Lisa y Ron, y ahora que la mamá de Lisa está de por medio también.

Lisa y Ron se acercaron al padre Memo a finales de mayo, para expresar su deseo de casarse en el verano siguiente. Se reunieron a mediados de junio, y el Padre Memo admite que gozó mucho la conversación que tuvo con ellos. Los jóvenes se veían maduros, responsables, bastante serios respecto al cuidado de su fe. La respuesta inicial del Padre Memo era que estaba encantado de ayudarlos a preparar y celebrar con ellos el sacramento del Matrimonio. Casi al final de la conversación surgió un problema importante.

La pareja admitió que había un "conflicto" con los padres de Lisa —especialmente con su mamá— debido a la decisión que tomaron de vivir juntos el próximo año, mientras asistían a la Universidad (faltaban unas semanas para su regreso a la escuela). La mamá de Lisa "explotó" cuando se enteró del plan; estaba tan disgustada que hasta los amenazó con no participar en la preparación para la boda —quizá ni asistir a ella— si la pareja persistía en su plan.

Lisa dijo: "mi mamá está exagerando. Ella lo aceptará". "Después de todo, Ron y yo hemos estado juntos desde la escuela secundaria, y nuestro compromiso mutuo ha sido auténtico. Además, no se trata únicamente de sexo; estamos pagando lo que a cada quien le toca en la escuela, y vivir juntos es más práctico y realista desde el punto de vista económico". Pero el Padre Memo conoce a la madre de Lisa y, a pesar de que no comentó esto con Lisa y Ron, está de acuerdo con que la madre de Lisa es una persona decidida, y que podía ser un poco difícil tratar con ella.

El Padre Memo se sintió bien por el modo en que respondió a la pareja. Habló con ellos acerca de la doctrina católica, la cual sostiene que la intimidad sexual pertenece al contexto del matrimonio. Habló acerca de la conexión que hay entre la intimidad sexual, el compromiso y la naturaleza pública de su relación. Además, les pidió que consideraran de qué manera su decisión podría afectar a los demás, incluyendo a sus familias. Él no los amenazó con no celebrar la boda, simplemente les pidió que reflexionaran más sobre su decisión. Ellos dijeron que así lo harían. El Padre piensa hablar con ellos nuevamente en agosto, poco antes de que regresen a la escuela.

La mamá de Lisa llamó por teléfono en estos términos: "La familia está escandalizada por esto", e insistió, "francamente, Padre, no parece que usted haya tomado una postura firme sobre la manera correcta de actuar en este caso". El Padre Memo acordó un encuentro con la mamá de Lisa, esperando que la conversación sea útil para todos los afectados por esta situación.

Desde el *Catecismo*: párrafos 2331, 2332, 2337, 2347

Analiza tu experiencia sobre esta situación. Estás con un grupo de amigos y la conversación lentamente gira hacia el tema del sexo. ¿Aumenta o desciende tu interés o tu inconformidad? ¿Cambia el tono de tu expresión? ¿Se toma el tema con humor o con seriedad? ¿Hay alguien en el grupo que hable más que otros?

Es importante lo que podamos decir acerca del sexo. Probablemente no sea la parte más importante de la vida, pero tiene razón el *CIC* al indicar que no son triviales los asuntos relacionados con la sexualidad humana –afecto, amistad, amor, espiritualidad y, a veces, la procreación. En ocasiones, lo mejor del ser humano se da en el plano de la sexualidad: en esos momentos, el sexo puede ser visto como éxtasis y trascendencia o nobleza espiritual. Pero, desafortunadamente, también hay casos en que lo peor del ser humano se da en el plano de la sexualidad, cuando ésta se identifica con la explotación y el abuso.

Dicho todo esto, no debe sorprendernos que la tradición católica preste tanta atención a esta dimensión de nuestra vida. En este sentido, el *CIC* analiza la sexualidad con cierta amplitud: primero, hace algunas reflexiones importantes sobre la sexualidad misma, y luego analiza algunas normas morales específicas relativas a la actividad sexual. Este capítulo sigue el mismo plan en tres secciones: primero examinaremos algunas convicciones cristianas en torno a la creación y a la bondad de la sexualidad, enfatizando –como lo hace el *CIC*– el llamado a la "integración", es decir, el llamado a la castidad. Segundo, pondremos atención a la manera en que la doctrina católica intenta proteger y promover valores importantes de la sexualidad, mediante algunas normas morales específicas. Particularmente, analizaremos la enseñanza católica en torno al sexo dentro del matrimonio, abierto a la procreación, y en torno a la homosexualidad. Tercero, concluiremos con algunos comentarios breves respecto a lo que el *CIC* llama las "leyes de crecimiento", en el ámbito de la sexualidad. Y, por supuesto, a lo largo del capítulo volveremos al dilema del Padre Memo.

Fe cristiana y sexualidad: creación e integración

El *CIC* comienza su enseñanza acerca de la sexualidad humana con lo que puede llamarse "teología de la creación". Lo hace considerando la gran historia de la creación en el libro del Génesis, capítulo 1 hasta el capítulo 2:4. No leemos este capítulo porque nos proporciona algún tipo de información sobre nuestros orígenes. Más bien, leemos este relato porque es un tesoro que nos recuerda lo sagrado de nuestros orígenes. Nos invita a la reflexión sobre el bien o santidad fundamental del don de la sexualidad.

El primer relato de la creación, referido en el primer párrafo en el que el *CIC* analiza la sexualidad humana, es la leyenda familiar que describe los siente "días" de la creación. Según la obra divina se va realizando gradualmente, repetidamente escuchamos el simple, pero elocuente, estribillo: "Y vio Dios que era bueno". La culminación de la actividad creadora es el momento cuando Dios dice: "Hagamos a los seres humanos a nuestra imagen, según nuestra semejanza" (1:26). El texto continúa: "Y creó Dios a los seres humanos a su imagen: a imagen de Dios los creó. Varón y mujer los creó" (1:27).

De doble manera se revela algo de la naturaleza –el misterio –de la sexualidad humana. Primero, no hemos sido creados como seres aislados uno del otro. No somos islas, creados, cada uno, para buscar nuestro propio camino hacia la felicidad y la plenitud. No; hemos sido creados con y para los demás. Desde el inicio hasta el final de nuestra vida, estamos llamados a recorrer nuestro camino en este mundo unos con otros. Estar en relación con los demás es algo esencial a lo que somos.

Segundo, hay que señalar que el relato bíblico hace suponer que la creación de los seres humanos como varón y mujer no es un problema, sino una gracia. En nuestra comunión como hombres y mujeres somos y nos mostramos como imagen de Dios. En ocasiones, los teólogos cristianos se han visto tentados a ver en este pasaje algo de la doctrina de la Trinidad, la doctrina de la comunión de Dios como Padre, Hijo y Espíritu. Ciertamente, el autor humano del relato bíblico no tuvo en mente esa manera particular y precisa de pensar acerca de Dios. Sin embargo, hay una alusión al hecho de que Dios no es un ser solitario. Dado que somos creados a imagen de Dios, tampoco somos solitarios. Hemos sido creados diferentes, como hombre y mujer, y esa diferencia refleja nada menos que la santidad de Dios.

En el capítulo 3 del libro del Génesis encontramos otro relato que ofrece más luz acerca de nuestros orígenes y en torno a la relación de los seres humanos –uno con el otro–, particularmente en lo que se refiere a la relación que debe haber entre hombres y mujeres. Representada por Adán y Eva, el capítulo 3 del Génesis relata la caída de la humanidad: de la gracia al pecado. Antes de su caída, Adán y Eva se relacionaban uno con el otro, y con el resto de la creación, en completa armonía. El *CIC* llama a esta caída "justicia original" (400). Estaban desnudos el uno frente al otro sin avergonzarse.

Sin embargo, después de su rebelión contra Dios, todo cambió. Se dieron cuenta de su desnudez, entrelazaron hojas de higuera y se taparon con ellas. Inmediatamente vemos tensión y falta de armonía entre ellos; el hombre culpa a la mujer de su mala acción, y a ella se le dice que, en adelante, su esposo la "dominará" (Génesis 3:16). A este respecto, el *CIC comenta lo siguiente:*

> La armonía en la que se encontraban… queda destruida… la unión entre el hombre y la mujer

es sometida a tensiones, sus relaciones estarán marcadas por el deseo y el dominio.

(CIC, 400)

Las importantes consideraciones del *CIC* tienen un velado tono feminista. La relación entre hombres y mujeres debería distinguirse por la cooperación, armonía, igualdad y solicitud mutua. Pero, con la caída, esta relación se vio marcada por la tensión y la dominación —más frecuentemente, la dominación que el hombre ejerce sobre la mujer (por ejemplo, patriarcalismo y sexismo)—. Esto no es otra cosa que una manifestación de la maldad humana, la cual nada tiene que ver con la voluntad de Dios. Es una situación que requiere de conversión personal y social.

En el marco de la teología de la creación, el *CIC* examina con cierta amplitud lo que denomina la "vocación a la castidad" (2337–2359). Atendamos a lo que no es la castidad y a lo que sí es, así como lo que ella implica. Comencemos con dos importantes textos del *CIC*:

> La castidad significa la integración lograda de la sexualidad en la persona, y por ello en la unidad interior del hombre en su ser corporal y espiritual. La sexualidad, en la que se expresa la pertenencia del hombre al mundo corporal y biológico, se hace personal y verdaderamente humana cuando está integrada en la relación de persona a persona, en el don mutuo total y temporalmente limitado del hombre y de la mujer. (2337)

> La persona casta mantiene la integridad de las fuerzas de vida y de amor depositadas en ella. Esta integridad asegura la unidad de la persona; se opone a todo comportamiento que la pueda lesionar. No tolera ni la doble vida ni el doble lenguaje. (2338)

En estos pasajes, hay tres elementos importantes que deben señalarse. Primero, dejan en claro lo que no es la castidad: no es un desafortunado y autodestructivo intento por negar o reprimir nuestras energías sexuales o nuestra necesidad y anhelo de comunión, intimidad, afecto y amor. Como he señalado, nada debería estar por encima de lo que la enseñanza católica considera ser la verdad elemental sobre la sexualidad humana. Hemos sido creados para la relación con Dios y con los semejantes (a veces descubrimos en nuestro prójimo la presencia de Dios). Esto no es sólo una idea brillante. En nuestro cuerpo y nuestras emociones experimentamos un deseo de relacionarnos con los demás. Nuestra fe nos invita a creer que este mismo deseo ha sido puesto por Dios en nosotros. Este es un designio santo de Dios que, en modo misterioso y magnífico, refleja algo de la naturaleza de Dios. La castidad es la virtud que nos ayuda a expresar nuestra propia sexualidad de una manera sana y responsable. Nunca será una virtud el negar o rechazar este aspecto importante de nuestra vida.

La castidad no significa rechazo ni represión. En cambio, el *CIC* habla de ella como una integración. Este es el segundo aspecto importante de los pasajes previamente aludidos del *CIC*. Para los redactores del *CIC*, la "integración" es un concepto importante, aun cuando sea difícil definirlo. La integración tiene que ver con integridad, plenitud. Las personas se sienten integradas (la integración es un objetivo o meta más que un "estado") cuando ajustan todos los aspectos de su vida en un modo coherente y honesto. Las personas integradas demuestran unidad y coherencia en su conducta, en su relación con los demás, en los ambientes donde se desempeñan: en casa, en el trabajo, con la familia, con los amigos, con la comunidad de fe.

Respecto a la sexualidad, las personas castas son personas sexualmente integradas. Esto significa que en su manera de entablar relación y comunicación con los demás, son capaces de expresarse de manera amable y afectuosa; viven estable y coherentemente con sus compromisos y con su estado de vida. La castidad o integración sexual, por tanto, se expresa de manera diferente, de acuerdo a cada persona. ¡Alabado sea Dios por la apasionada manera en que una pareja expresa la castidad que, después de veinte años de matrimonio y con cuatro hijos, siguen muy enamorados y encontrando su intimidad sexual como algo santo y gozoso! ¡Alabado sea Dios por las personas solteras –de acuerdo a los diversos sentidos de esta palabra– que son capaces de experimentar una genuina y distinta intimidad en su comunicación con los otros, aunque a veces esto no resulte fácil, ¡y que son capaces de expresar y recibir afecto y amor de parte de sus amistades!

Por último, reflexionaremos brevemente en lo señalado al final del segundo párrafo del *CIC*, citado anteriormente: "la integridad… no tolera ni la doble vida ni el doble lenguaje" (2338). La castidad o integración sexual es la capacidad de expresar la propia sexualidad con honestidad. Esto supone, en cierto modo que pensemos en la sexualidad como un lenguaje. El lenguaje hay que usarlo, pero no abusar de él. Algo de lo más maravilloso y admirable que corresponde al ser humano es la capacidad de hablar, de comunicarse. Con el lenguaje podemos expresar quiénes somos y, en cierto modo, la persona en que nos estamos convirtiendo. Con el lenguaje podemos expresar amor, hacer las paces, comunicar la verdad y construir puentes con otras personas. Desafortunadamente, no siempre podemos expresarnos así de bien. A veces nos expresamos sin sinceridad y para herir. La castidad es una virtud que nos da la capacidad no sólo de expresar nuestra sexualidad de manera amable y afectuosa sino también expresar la verdadera persona que somos.

Normas y valores: temas específicos

Ha llegado el momento de analizar algunas normas importantes de la Iglesia Católica respecto a la actividad sexual. Es claro que con estas normas se busca proteger y promover algunos valores considerados por la Iglesia como elementos esenciales del significado moral de la sexualidad humana. En esta perspectiva, analizaremos la doctrina católica en torno al sexo en el matrimonio, a la apertura a la procreación, y sobre la homosexualidad.

LA SEXUALIDAD DENTRO DEL MATRIMONIO

La enseñanza católica ha insistido en que la relación sexual pertenece exclusivamente al ámbito o contexto del Matrimonio.

Esto se basa precisamente en lo que significa la relación sexual. A mi parecer, esta doctrina nunca antes se había expresado tan positivamente como se ha hecho en *Humanae vitae (Sobre la regulación del nacimiento)*, la carta encíclica de Pablo VI, de 1968, sobre la regulación de la natalidad:

> El matrimonio no es, por tanto, efecto de la casualidad o producto de la evolución de fuerzas naturales inconscientes; es una sabia institución del Creador para realizar en la humanidad su designio de amor. Los esposos, mediante su recíproca donación personal, propia y exclusiva de ellos, tienden a la comunión de sus seres en orden a un mutuo perfeccionamiento personal, para colaborar con Dios en la generación y en la educación de nuevas vidas.
>
> (*Humanae vitae*, 8)

¿Qué significa la "relación sexual"? o, al menos, desde una perspectiva católica, ¿qué debería ser? Significa el regalo total de sí mismo al propio cónyuge. La totalidad y la intimidad de una relación física –designada por Dios a contribuir a la mutua perfección de los esposos– es un signo, incluso, un sacramento de la totalidad del don de sí mismo que manifiesta la misma acción física. Dicho en otras palabras, la relación sexual parece indicar: "Yo te doy todo lo que soy, corporal y espiritualmente" y este tipo de donación requiere el compromiso del Matrimonio. Más aún, como lo señala el *CIC*, el abrazo (la relación) física entre el esposo y la esposa debe ser un signo de su comunión espiritual (2360).

A la frase anterior se podría añadir: signo de su constante comunión física. El don total de sí mismo que implica esa relación (física y espiritual) no debe reducirse a un "momento" de éxtasis físico o espiritual, sino que debe ser más bien un "gesto" que exprese y contribuya a la constancia y al amor estable de la pareja.

Probablemente esta era la idea que el Padre Memo trataba de explicar a Lisa y a Ron en nuestra historia inicial. De acuerdo a su sabiduría, el padre Memo intentó explicar algo acerca de la naturaleza pública de la relación, incluso, de la naturaleza pública de la relación sexual. No sería sorprendente que Lisa y Ron estuvieran en desacuerdo con esta última idea. Por una parte, es obvio que la intimidad que implica una relación sexual tiene una dimensión privada. Al menos así debería ser. Por otra parte, nuestra cultura tiende a circunscribir este aspecto de la relación a la esfera de lo privado. En efecto, cuando dos personas mantienen relaciones íntimas, una tercera persona puede exclamar: "Allá ellos; eso no es asunto mío".

La doctrina católica señala que este tipo de actitud pierde de vista otra dimensión importante de la relación sexual. Si realmente se trata del don total de una persona a la otra, y si realmente es más que una experiencia momentánea de intimidad y de unión, entonces, de hecho, se trata de una acción que "conduce" a lo realizado en el Matrimonio. Y esto, por supuesto, es un asunto público. Dicho de otra manera, de acuerdo a la enseñanza católica, la relación sexual "expresa" algo: "Me entrego totalmente a ti y de una manera constante". Por tal motivo, cuando la relación sexual se "expresa" fuera del contexto del matrimonio, no se expresa con toda honestidad. Este es el caso de las relaciones sexuales de aquellos que se han comprometido en matrimonio (CIC, 2350). Es por demás decir que, desde la perspectiva de la enseñanza católica, resulta aún más serio y grave las relaciones sexuales de aquellos que están todavía más lejos de un compromiso marital, por ejemplo, los casos de "sexo casual" y prostitución.

APERTURA A LA PROCREACIÓN

La Iglesia Católica enseña que la relación sexual pertenece al contexto del Matrimonio. Pero eso no es todo. A esta enseñanza se encuentra inseparablemente unida la convicción de que la relación sexual de la pareja casada debe darse en un marco de apertura a la procreación. El Matrimonio mismo y la relación sexual dentro de ese contexto tienen que ver con el amor y la vida: estos dos elementos están esencialmente unidos.

Respecto a esta enseñanza hay que notar dos aspectos importantes. El primero se refiere a la insistencia de la Iglesia en que no basta decir que la relación de la pareja casada debe estar abierta a la procreación, o que de principio a fin su relación sexual deba estar marcada por la apertura a la procreación. Más bien, "cada acción del Matrimonio debe permanecer abierta a la procreación". Como es sabido, este aspecto de la enseñanza católica ha sido el más controvertido y, para mucha gente, el más difícil de entender o aceptar. De acuerdo a la doctrina católica, no es correcto que una pareja casada, deliberadamente realice acciones o emplee medios –por ejemplo, los medios artificiales de anticoncepción– para "suprimir" la procreación en un acto o relación sexual. Esta norma intenta proteger y promover el valor de la inseparabilidad (unidad) y el significado procreador de la relación sexual (*CIC*, 2369).

Segundo, es importante señalar que la enseñanza católica no dice que las parejas casadas nunca deberán tomar medidas para regular el nacimiento de los hijos. Lo que es inapropiado es el uso de medios anticonceptivos artificiales. Sin embargo, si importantes factores hacen que un embarazo en determinado tiempo sea imprudente, la pareja está en libertad para usar medios naturales de regulación natal. Es decir, la pareja está libre de tomar en cuenta el ciclo natural de fertilidad e infertilidad de la esposa para adaptar su encuentro íntimo a ese ciclo y así evitar el embarazo. (El mismo ciclo de fertilidad e infertilidad puede usarse para lograr un embarazo en determinado tiempo).

De acuerdo al juicio de la Iglesia, es moralmente distinto el uso de los medios artificiales de regulación de la natalidad y el uso de los métodos naturales. El error de la contracepción radica en que "suprime" la procreación en una relación sexual. De acuerdo al *CIC*, esto hace que "el don total de sí mismo" no sea total, debido a que se ha tomado una decisión directa para excluir una parte de sí mismo, el potencial procreador de ese don (*CIC*, 2370). Por el contrario, los medios naturales de regulación del nacimiento no implican acciones directas para suprimir la dimensión procreadora de la relación sexual. Al contrario, echan mano del ciclo de fertilidad e infertilidad de la mujer y, como lo indicó Pablo VI, en esa medida son naturales y moralmente aceptables (*Humanae vitae*, 16).

Muchas parejas señalan que el método de regulación (natural) –aun cuando requiera de disciplina por parte de la pareja– puede tener éxito. Además, los métodos naturales de regulación natal pueden promover un alto grado de comunicación y cooperación entre los esposos, a veces conduciéndolos a maneras más creativas de expresar el amor y a un mayor gozo en sus relaciones sexuales.

LA HOMOSEXUALIDAD

La discusión del *CIC* en torno a la homosexualidad es breve –tres párrafos (2357–2359). Aun así, esos párrafos captan la esencia de las convicciones católicas en torno a aquellos hermanos y hermanas que experimentan una atracción predominante y constante (una orientación sexual) hacia miembros de su propio sexo. Aquí hay que señalar tres aspectos.

Primero, el *CIC* no hace un juicio moral sobre la homosexualidad misma. Como lo señala el párrafo 2357, aun no hay explicación clara sobre el origen de esta orientación sexual (y probablemente tampoco sobre el origen de la orientación heterosexual). Como se sabe, diversas disciplinas científicas –genética, bioquímica, medicina, psiquiatría, psicología, antropología– siguen estudiando el origen de la homosexualidad. Creo que hasta la fecha los resultados no han arrojado conclusiones definitivas. El *CIC* reconoce sabiamente que, de acuerdo a la experiencia de hombres y mujeres que se autodescriben como "homosexuales", esta orientación no ha sido libremente elegida (*CIC*, 2358). De acuerdo a esto, no hay una falta moral en la orientación homosexual misma. Como fue señalado en la instrucción vaticana de 1986 "Sobre el cuidado pastoral de las personas homosexuales" la orientación sexual no es un pecado (ver párrafo 3).

Segundo, si la enseñanza moral católica no centra su atención en la orientación sexual misma, sí lo hace en las relaciones genitales de los homosexuales. Como ya se ha visto, la tradición católica insiste en que las relaciones sexuales de naturaleza física, íntima, pertenecen exclusivamente al contexto del Matrimonio. Solamente en ese contexto pueden ser plenamente íntegras y procreadoras inseparablemente. De acuerdo a esta enseñanza tradicional de la Iglesia, el *CIC* declara que los actos homosexuales, es decir, las relaciones genitales homosexuales son moralmente malos, debido a que no pueden estar abiertos a la procreación y a que están enmarcados en la complementariedad personal que debería corresponder a esa relación genital (*CIC, 2357*).

Nótese que la enseñanza de la Iglesia no proclama que las personas con una orientación homosexual no puedan ser capaces de expresar su afecto mutuo, de manera genuina y casta. El *CIC* insiste en que una parte importante del ser humano es la capacidad de expresarse a sí mismo de modo afectivo y cariñoso. Pero, lo que la doctrina de la Iglesia afirma con toda claridad es que las relaciones sexuales genitales pertenecen al contexto del Matrimonio, debido a que esas acciones significan el don total de uno mismo, el inseparable don del amor y de la vida.

Tercero, esta enseñanza resulta problemática para muchas personas homosexuales, algunas de las cuales son miembros de nuestras familias y nuestras comunidades de fe. Al igual que las personas que no están casadas, los gays y las lesbianas están llamadas a abstenerse de la relaciones sexuales genitales. Como ya lo hemos visto, esas persona no están llamadas al aislamiento; no están llamadas a vivir sin afecto o sin amor. Pero, a diferencia de muchas personas que aún no están casadas, los gays y las lesbianas no pueden esperar gozar de una vida que incluya la clase de intimidad física y las relaciones sexuales que corresponden a las personas casadas.

La enseñanza católica de los últimos años ha reconocido esta difícil dimensión de la vida de aquellas personas con orientación homosexual. Por lo tanto, como lo indica el título del documento del Vaticano, los gays y las lesbianas han de recibir un cuidado pastoral especial por parte de la Iglesia y de sus ministros; deben recibir el abrazo especial y la hospitalidad de la comunidad cristiana. Ante todo, estas personas nunca deben ser el blanco de ninguna forma de prejuicio o discriminación, por parte de la Iglesia o de la sociedad. Como sabemos, lamentablemente esto sucede con frecuencia: los gays y las lesbianas son víctimas no sólo de discriminación, sino de odio en distintas manifestaciones, y hasta han sido víctimas de asesinatos. La actitud de la comunidad católica hacia las personas homosexuales debe ser la de respeto y hospitalidad —sin dejar de lado una postura clara y firme respecto a la actividad homosexual–, con la intención de hacer todo lo posible para proteger y promover sus derechos y su bienestar en la Iglesia y en la sociedad.

"Leyes de crecimiento"

Para muchas personas, dentro y fuera de la Iglesia, la enseñanza católica parece una mala noticia –o más precisamente, exigente–; incluso, un proyecto imposible. Aquí pienso en algunas normas específicas de la Iglesia que hemos examinado. La doctrina católica pide a Lisa y a Ron –enamorados y comprometidos mutuamente– esperar hasta que celebren su Matrimonio, para expresar su amor en la relación sexual. La enseñanza católica pide a las parejas casadas abstenerse de usar medios artificiales de contracepción y, en su lugar, usar métodos naturales de regulación de la natalidad que incluyan periodos significativos en los que se abstengan de relaciones sexuales y expresen su amor de otras formas. La enseñanza católica hace un llamado a las personas de orientación homosexual para que se abstengan de la expresión sexual genital, y encuentren otras formas de expresar afecto y amor en su vida.

Más allá de estos ejemplos especiales, la doctrina católica nos llama a todos a la castidad; a la integración sexual. Debido a que somos humanos –no solamente porque somos cristianos – debemos expresarnos afectuosa y amorosamente; en un modo coherente o estable, acorde con nuestros compromisos y estado de vida, en formas que están caracterizadas por la armonía y la honestidad.

Todo esto puede ser difícil. Aun si se acepta la enseñanza de la Iglesia respecto a los temas ya mencionados, puede ser difícil asumirla o llevarla a cabo. No es un secreto que esta es la situación de muchos católicos. Con respecto a la castidad o la "integración sexual", ¿se trata de algo ideal o, quizá, imposible? ¿Somos realmente capaces de vivir así?

En un esfuerzo por ser comprensivo y realista, la doctrina católica responde con lo que el *CIC* llama las "leyes de crecimiento"

(2343). En efecto, estamos llamados a la "integración sexual", a una forma de castidad que signifique –para todos los creyentes en algunas ocasiones y para ciertas personas todo el tiempo– abstinencia de relaciones sexuales genitales. Ahora bien, ¿qué estamos llamados a ser o que estamos llamados a hacer? Estamos llamados a ser y a hacer nuestro mejor esfuerzo, de acuerdo a lo que podamos; no más, no menos. Esto es, según mi opinión, lo que el *CIC* quiere decir con la expresión "leyes de crecimiento". Para dejarlo en claro, esto no significa que debido a que nos parezca difícil vivir la castidad en una etapa determinada de nuestra vida –como quizá sea el caso de Lisa y Ron– entonces, en esa etapa cambie la ley moral para nosotros, de manera que podamos hacer lo que queramos. No, la castidad o la "integración sexual", tal como el *CIC* la describe, es el objeto o la meta. A esto es a lo que debemos aspirar. Recordemos que Dios no nos llama a realizar algo imposible. Lo que es posible para nosotros, en ciertos momentos o situaciones de nuestra vida, puede convertirse en principios sólidos en nuestra conciencia, "el núcleo más secreto y el sagrario del hombre". A veces, lo que somos capaces de hacer con respecto a la castidad puede ser limitado por toda clase de factores: la edad o el desarrollo moral, la madurez, la ignorancia, las limitaciones en nuestra libertad y el pecado. Así, en algunas circunstancias, nosotros simplemente debemos hacer lo mejor que podamos para lograr la "integración sexual" o la castidad. Ninguno de nosotros va a encontrar esta tarea como algo fácil, quizá ninguno de nosotros lo logre completamente. Necesitamos esforzarnos, ponernos en movimiento; necesitamos aceptarnos a nosotros mismos (y a los otros) en dondequiera que nos encontremos.

Un buen sacerdote me dijo en cierta ocasión: respecto a la sexualidad, deberíamos hacer tres cosas: recordar siempre que Dios nos ama; abstenernos de juzgar a los otros, y tener un cierto sentido del humor acerca de nosotros mismos. Sin duda, era un hombre sabio.

Para reflexionar

1. Este capítulo señala que, con respecto a la sexualidad, se manifiesta lo mejor, o quizá, lo peor de nosotros mismos. ¿Esto es correcto? Si es así, ¿por qué?

2. El *CIC* dice que la castidad tiene que ver con una "sexualidad integrada". ¿Qué significa esto para ti?

3. ¿Qué debería decir el Padre Memo a Lisa y a Ron? ¿Qué debería decir a la mamá de Lisa?

4. Este capítulo explica la enseñanza católica acerca de la conexión que hay entre una relación sexual y el Matrimonio, el control de la natalidad y la homosexualidad. ¿Puedes explicar esta enseñanza con tus propias palabras? ¿Cuáles son los valores que la Iglesia intenta proteger y promover mediante tal enseñanza?

5. Recuerda la presentación acerca de la conciencia que aparece en el capítulo 3: debemos ser guiados por la enseñanza de la Iglesia cuando hagamos un juicio moral, puesto que la Iglesia no lo hace por nosotros. Debemos actuar de acuerdo a nuestra propia conciencia. ¿Cómo se relaciona esto con el dilema del Padre Memo al hablar con Lisa y Ron? ¿Podría suceder que, "en conciencia", las personas juzguen que deben hacer algo distinto de lo que para la Iglesia es correcto y ser aun buenos católicos?

6. ¿Qué es lo que te parece más importante acerca de la noción "leyes de crecimiento".

CAPÍTULO 7

La moral cristiana y la responsabilidad social

LINDA

La escena era contradictoria. Algunos estaban profundamente conmovidos; otros, no. Se trataba de una audiencia pública, ante un subcomité del Senado que examinaba cambios propuestos a las regulaciones del programa de asistencia social.

Las personas que hablaron a los senadores eran casi todas mujeres, algunas de ellas (incluyendo a Linda) habían llevado a sus hijos. Durante la audiencia, los niños se entretenían con sus juguetes en el piso, algunas imágenes de la audiencia fueron publicadas en los noticiarios vespertinos de ese día.

Hacía pocos años que se habían implementado normas nuevas para regular el programa de asistencia social. En meses recientes, quienes apoyaron esas normas se jactaban dae que un gran número de quienes recibían bienestar social por carecer de un empleo ahora formaban parte de la fuerza laboral, y por lo tanto, se estaba gastando menos en beneficencia social y en ocasiones nada. Sostenían: "Nuestras iniciativas para el bienestar social han tenido éxito. No es tiempo de volver a las políticas paternalistas del pasado.

Los senadores escucharon una historia diferente por parte de las mujeres. Muchas de ellas dijeron que, debido a las nuevas normas, ya no podían ir a la escuela, ni participar en programas de capacitación laboral. Incluso, se veían forzadas a aceptar trabajos por el salario mínimo. Conteniendo las lágrimas mientras hablaba, Linda, una madre soltera con dos niños, relataba sus experiencias, pasando de la ira al desánimo. "Los empleos que pagan salario mínimo que me he visto obligada a aceptar son insuficientes para sostener a mi familia", e insistió: "Esos trabajos normalmente no incluyen atención médica ni cuidados de salud, y muchos de ellos no ofrecen posibilidad alguna de superación. Mis hijos merecen algo mejor".

Durante un descanso en la audiencia, un senador dijo a un colega suyo que sería bueno tomar muy en cuenta la situación de gente como Linda; gente que ha sido afectada por las nuevas políticas de asistencia social. Pero su colega le replicó enojado:

"Me siento manipulado por esas mujeres bien adiestradas", y añadió: "No podemos volver a los días del 'asistencialismo' total sólo por las historias conmovedoras de algunas mujeres. Debemos mantenernos firmes".

Desde el *Catecismo:* párrafos 1881, 1905, 1906, 1930, 2448

Se ha pensado que la Doctrina Social de la Iglesia Católica moderna comenzó con la encíclica *Rerum novarum (Sobre la condición de los obreros)* de León XIII en 1891. En esa encíclica, el Papa analizó con precisión las condiciones de los trabajadores de una Europa recién industrializada y urbanizada. La condición de muchos trabajadores era miserable. Muchos de ellos, incluyendo niños, laboraban largas jornadas en condiciones de trabajo terribles, por salarios bajísimos que estaban muy lejos de dar sostenimiento a una familia. Además, las condiciones de vida eran miserables en las ciudades industriales de Europa. La pobreza era la condición de vida de muchas personas.

Lo nuevo en la encíclica de León XIII no era el llamado al renovado esfuerzo por la caridad y la ayuda al necesitado (esto era parte de su mensaje). De modo mucho más enérgico, el Papa hizo un llamado a la justicia. Pidió un cambio en las estructuras e instituciones sociales que eran la causa de la pobreza y de la miseria de los trabajadores. El Papa reclamó un salario justo, condiciones de trabajo seguras para los trabajadores, y leyes que previniesen el abuso de los niños en el trabajo. Algo fundamental en la encíclica fue el énfasis que puso en la dignidad de toda persona por ser hijo o hija de Dios. Insistió en que la dignidad humana de los trabajadores necesitaba reconocerse y respetarse.

Desde León XIII, la Iglesia ha asumido la responsabilidad de abordar los problemas de actualidad que se refieren a la comunidad humana: asuntos de hambre y pobreza, prejuicio y discriminación, guerra y paz. Los papas y obispos han dicho que la fe cristiana no debe hacernos escapar de esos problemas tan difíciles, sino contribuir a su solución, de acuerdo al Evangelio de Cristo. En los últimos cien años esto ha hecho crecer la Doctrina Social de la Iglesia. Se trata de un cuerpo, un sistema coherente de doctrina que –desgraciadamente– no ha recibido la atención que merece, ni siquiera por parte de los católicos. Como lo señala uno de los libros mencionados al final del capítulo, esta joya de la tradición católica puede ser "nuestro secreto mejor guardado".

En numerosas instancias, el *CIC* dirige nuestra atención a esta maravillosa tradición sobre la justicia. Hay extensas secciones que abordan problemas especiales de justicia social. En este último capítulo intentaré presentar –al menos– una muestra de este importante rubro de la doctrina católica.

El capítulo está dividido en tres partes. Primero, nos fijaremos en algunas ideas básicas que sirven de cimiento a esta área de la doctrina de la Iglesia; se trata de convicciones acerca de la dignidad y de los derechos humanos. Segundo, abordaremos la doctrina del *CIC* respecto a una importante área de interés o preocupación social: la justicia económica. Concluiremos con algunas reflexiones en torno a un tema igualmente importante: el "amor preferencial por los pobres".

Puntos de partida: la dignidad y los derechos humanos

Es claro que la enseñanza de la Iglesia acerca de la dignidad de la persona humana está bien fundamentada, es parte esencial de la fe cristiana. Nuestra dignidad como personas tiene su origen en el hecho de haber sido creados a imagen y semejanza de Dios. Recordemos una imagen de uno de los relatos de la creación, en el libro del Génesis: "Entonces, el Señor Dios formó al hombre del polvo de la tierra, sopló en su nariz un aliento de vida, y el hombre fue un ser viviente" (Génesis 2:7).

¡Qué maravillosa imagen! Hemos sido creados por el aliento de vida de Dios. Nos anima nada menos que el aliento de Dios. En el Nuevo Testamento se emplea la misma imagen para describir el don de Cristo, el Espíritu Santo, conferido a los discípulos después de la Resurrección. El Evangelio de Juan señala: "La paz esté con ustedes. Y añadió: Como el Padre me ha enviado, yo también los envío a ustedes. Sopló sobre ellos y les dijo: Reciban el Espíritu Santo" (20:21–22).

De nuevo, ¡qué maravillosa imagen y qué manera tan poderosa de cimentar nuestra convicción en torno a la dignidad de la persona humana! Creados por el aliento de vida de Dios y animados por el Espíritu Santo, participamos de la santidad y de la vida de Dios. Los cristianos, además, creemos que el Espíritu Santo está presente no sólo en los discípulos de Cristo, sino en toda persona de buena voluntad. La United States Conference of Catholic Bishops escribió en su carta pastoral de 1983 (*Desafío de la paz. La promesa de Dios y nuestra respuesta*): "La persona humana es el reflejo más claro de la presencia de Dios en el mundo..." (15). La tradición católica declara que las personas son santas. Esta es la fuente de nuestra dignidad; una dignidad que pide de parte nuestra no sólo respeto, sino también –a la luz de la fe– reverencia.

A partir de su enseñanza sobre la dignidad de la persona, la tradición católica nos llama a reconocer y a respetar los derechos fundamentales del ser humano. La doctrina católica insiste en que los derechos humanos atañen a todos los individuos, no por el hecho de que estos sean ciudadanos de una sociedad determinada. No, el origen de los derechos humanos está en la naturaleza de la persona como tal; esos derechos no son dados (legitimados), ni suprimidos por la sociedad . La sociedad existe para proteger y promover la dignidad y los derechos de las personas, no al revés.

¿Qué significa exactamente la expresión "derechos" y cuáles ejemplos podrían invocarse al respecto? El *CIC* no ofrece una definición precisa de los derechos humanos. De hecho, es difícil definir el concepto. Pero, en la perspectiva del teólogo J. Milburn Thompson podemos decir que la dignidad de la persona –en el marco de una comunidad– es la base para un acercamiento católico a los derechos humanos. A partir de esta noción, puede decirse que los derechos humanos son aquellos bienes humanos fundamentales que pertenecen o se deben a los seres humanos para su desarrollo pleno como personas que viven en comunidad.

Alguien podría considerar los derechos humanos como lo mínimo que "nos corresponde", simplemente porque somos humanos. La protección y la promoción de los derechos humanos son importantes no solamente para que sobrevivamos o permanezcamos con vida, sino también para que podamos desarrollarnos como personas. ¿Verdad que eso era lo que buscaba Linda, en nuestro relato inicial? ¿Verdad que ella quería más para sí misma y para sus hijos, más que el simple hecho de sobrevivir? La doctrina católica señala que el deseo de Linda es parte de lo que significa la dignidad humana.

Es importante que ilustremos nuestra visión católica de los derechos humanos con algunos ejemplos. Como veremos en la siguiente sección cuando enfoquemos nuestra atención en la justicia económica, el *CIC* examina algunos de los derechos de las personas en áreas específicas de la vida. Pero, dejando de lado por un momento al *CIC*, es comúnmente aceptado que la lista más completa de derechos humanos en la Doctrina Social de la Iglesia Católica se encuentra en la encíclica *Pacem in terris* (Paz en la tierra), escrita por Juan XXIII y emitida en 1963. Resulta útil, al menos, mirar una parte de esa lista. De acuerdo al Papa, los derechos humanos incluyen:

- La existencia, la integridad corporal, los medios necesarios para un decoroso nivel de vida, principalmente, el alimento, el vestido, la vivienda, el descanso, la asistencia médica y, finalmente, los servicios indispensables que a cada uno debe prestar el Estado. (11)

- La buena reputación social, la posibilidad de buscar la verdad libremente y, dentro de los límites del orden moral y del bien común, manifestar y difundir sus opiniones y ejercer una profesión cualquiera, y, finalmente, disponer de una información objetiva de los sucesos públicos. (12)

- El acceso a los bienes de la cultura. (13)

- El de poder venerar a Dios, según la recta norma de su conciencia, y profesar la religión en privado y en público. (14)

- Elegir el estado de vida que se prefiera. (15)

- Los derechos económicos: derecho a un trabajo; a trabajar en condiciones seguras, a recibir un salario justo; derecho a la propiedad privada (y a otros recursos para el bienestar) en tanto esto no interfiera con los derechos fundamentales de los demás. (18 – 22)

- El derecho de reunión y asociación. (23–24).

- El derecho de residencia y emigración, especialmente en casos de injusticia y opresión de algunos sitios o países. (25).

- Los derechos políticos: el derecho a tomar parte activa en la vida pública y contribuir al bien común. (26)

Obviamente, muchos detalles se dejan a la interpretación y a la aplicación, por ejemplo, qué significa "servicios indispensables" o qué incluye exactamente el derecho al cuidado de la salud. En nuestro país, por ejemplo, es fácil imaginar a demócratas y republicanos defendiendo la lista de los derechos humanos, pero en desacuerdo respecto a cómo el gobierno debe comprometerse y asegurar su observancia. Por regla general, esta exposición de los derechos humanos es un programa que debe asumirse por toda la sociedad. La doctrina social católica insiste en que a partir de la dignidad humana, los derechos humanos son importantes en cuanto que nos impulsan a desarrollarnos plenamente como seres humanos, de acuerdo a nuestra vocación común a vivir como criaturas formadas a imagen de Dios (*CIC*, 1877).

Es importante hacer un comentario final sobre los derechos humanos. Si el énfasis en los derechos humanos es la mano derecha de la doctrina social católica, el énfasis en el bien común es la mano izquierda. El bien de los individuos y el de la comunidad están esencialmente ligados (*CIC*, 1905). El bien de los individuos no puede promoverse justamente a expensas del bienestar común y el bien común nunca podrá promoverse a expensas del bien de los individuos. Se puede afirmar que una sociedad se ordena correctamente cuando ambas clases de bienes se encuentran equilibrados.

Este equilibrio se explica claramente en el párrafo siguiente del *CIC*, en el cual se ofrece una definición del bien común.

> Por bien común, es preciso entender "el conjunto de aquellas condiciones de la vida social que permiten a los grupos y a cada uno de sus miembros conseguir más plena y fácilmente su propia perfección". El bien común afecta la vida de todos. Exige la prudencia por parte de cada uno, y más aún por la de aquellos que ejercen la autoridad. (1906)

Dos cosas importantes hay que destacar de este párrafo. Primero, la manera en que termina. El cuidado del bien común debe ser objeto de especial preocupación por parte de quienes tienen una posición de autoridad y liderazgo. Legisladores, gobernantes y oficiales civiles deben estar atentos a las necesidades de los individuos –agrupados en la comunidad–, pero ellos están a cargo de supervisar el bien común. Es decir, es su responsabilidad especial observar que las leyes y políticas de la comunidad contribuyan al orden y a la armonía de la comunidad como tal. Deben ver que todos reciban su parte correspondiente del bien común (cuidado de salud, acceso a la educación, protección o seguridad, etcétera) y procurar que todos pongan su parte para contribuir al bien común (por ejemplo, pagar impuestos, realizar el servicio militar, etc.). Hay que señalar que esa "parte correspondiente" no significa necesariamente igualdad matemática. Los medios o recursos que alguien "consume" para el cuidado de la salud (en algunos casos a expensas de la comunidad) están fundamentados no en una fórmula abstracta que asegura la igualdad matemática, sino más bien, están basados en la necesidad. De manera semejante, la "parte correspondiente" con la que uno ha de contribuir al bien común (especialmente por medio del pago de impuestos) ha de tomar en cuenta apropiadamente los recursos y la capacidad que se tiene para realizar tal contribución. Como lo muestran estos ejemplos, cualquier omisión respecto al bien común por parte de la autoridad resulta algo tramposo y controversial. Quizá en algún sentido, el bien común es un ideal por el cual se esfuerza continuamente la comunidad; promoverlos es un arte, más que una ciencia.

Lo segundo que hay que señalar del párrafo anterior es que el bien común no es simplemente un asunto de preocupación por parte de la autoridad. Más bien, se trata del "cuidado de la vida de todos". Esto se hace evidente en la sección del *CIC* que sigue inmediatamente al artículo sobre el bien común (1913–1917). Esos párrafos hablan de responsabilidad y participación; señalan que la responsabilidad de promover el bien común recae en todas las personas (*CIC*, 1913). En este sentido, no es suficiente que la toma de decisiones –en lo que respecta a los negocios personales o al voto, por citar un ejemplo– estén basadas en el interés particular o en los intereses del bien individual. No, la tradición católica insiste en que cada uno ha de asumir el cuidado del bien común, haciendo no sólo lo que sirve a sus intereses, sino lo que sirve y beneficia a los otros, particularmente a los necesitados. Resultaría demasiado simple y poco realista dejar la carga del bien común solamente en manos de nuestros líderes. Como lo sugiere el término, el bien común debe ser asunto de todos.

Este énfasis en el bien común sirve de balance al énfasis que ha puesto la tradición católica en los derechos humanos. Así lo hizo hace años Juan XXIII en *Pacem in terris*, al poner juntamente derechos y responsabilidades: acompañó su lista de derechos humanos con una lista similar de deberes y responsabilidades que todos tenemos como miembros de una sociedad (28–38). Una sociedad conducida únicamente por intereses egoístas nos convierte en competidores. Somos más que eso; así lo señala la doctrina social católica: todos somos hermanos y hermanas. Debemos colaborar con el prójimo, ayudándolo a formar una sociedad justa, y en esa medida, ayudar a la realización del Reino de Dios; reino de justicia, amor y paz.

Centro de atención: justicia económica

El *CIC* tiene mucho que decir sobre la justicia económica. Esto no debería sorprendernos, porque (virtualmente) todos los papas, desde León XIII hasta Benedicto XVI, han escrito y hablado frecuentemente sobre la justicia económica. El *CIC* hace eco de ello y en los párrafos que siguen hacemos lo mismo al examinar algo de lo que el *CIC* dice al respecto.

La convicción básica de la Iglesia sobre la justicia económica se expresa así:

> El desarrollo de las actividades económicas y el crecimiento de la producción están destinados a satisfacer las necesidades de los seres humanos. La vida económica no tiende solamente a multiplicar los bienes producidos y a aumentar el lucro o el poder; está ordenada ante todo al servicio de las personas, del hombre entero, y de toda la comunidad humana. (2436)

Estas frases provocan un gran número de preguntas desafiantes: ¿Qué es lo que dirige las decisiones económicas de los individuos, las corporaciones y los países? ¿Es pura y llanamente la búsqueda de poder y de ganancia? Si es así, entonces algo está equivocado en las bases de la Doctrina Social de la Iglesia, la cual afirma que lo que debería guiar todas las decisiones económicas no es simplemente el deseo de obtener ventajas, sino más bien el bienestar de cada persona y de la comunidad. Esto debería constituir, a la luz del *CIC* el "cimiento moral". No se dice que sea moralmente malo, por definición, la búsqueda de beneficios en los negocios que cada quien emprende. Desde un punto de vista moral, la escala del éxito económico ha de ser más que la medida del producto nacional; necesita ser algo más que un puño de dólares. ¿Cómo afectan nuestras decisiones económicas y políticas a la gente? La doctrina social católica señala que esta cuestión debe "forjarse" en base a lo que significa el éxito económico.

¿Se trata de una pregunta desafiante? Por supuesto que lo es. Es una pregunta que debemos recordar al tomar decisiones económicas como individuos, familias, corporaciones y naciones. Volviendo a la historia que introdujo nuestro capítulo, por ejemplo, si alguien está interesado en evaluar el éxito de nuevos programas y políticas de asistencia labora en el país, los criterios de evaluación —a juicio de la doctrina social católica— deben incluir lo que esas políticas han hecho y harán a favor de gente como Linda. Desde un punto de vista moral, no es suficiente centrar la atención únicamente en los dólares que esas políticas se ahorrarán en el presupuesto. Se requiere algo más de parte de los individuos y de las instituciones.

Es útil señalar que los obispos católicos de Estados Unidos han reconocido que los principios de la Iglesia en torno a la justicia económica deberían aplicarse a la Iglesia misma. Después de todo, la Iglesia es un actor económico, consumidor, propietario, patrón e inversionista (*Justicia económica para todos*, 347–358). ¿Toman en cuenta este hecho y estos criterios las instituciones de la Iglesia en sus propias decisiones y políticas? No, las instituciones de la Iglesia no lo hacen. Así lo reconocen los obispos. Sin dejar a nadie exento y sin matizar la cuestión de la responsabilidad que le toca a la Iglesia, todo parece indicar que esa es una cuestión que pertenece más a una meta, a un ideal, que a la práctica actual de una política económica. Quizá, lo que todos los actores económicos –grandes y pequeños– deberían buscar (como medida de progreso) es la construcción de nuestros "cimientos morales", los cuales se miden no simplemente por lo que hemos ganado, sino por lo que hemos hecho a favor de la gente.

El *CIC* añade algunas otras áreas, más específicas, de preocupación económica. Examinemos la enseñanza del *CIC* acerca del trabajo humano y el rol del Estado en asuntos económicos.

Acorde con el punto de partida fundamental que hemos señalado, el *CIC* mira el trabajo no simplemente desde la perspectiva de lo que los trabajadores hacen, sino a partir de lo que el trabajo hace por y para los trabajadores. A partir de las encíclicas sociales de Juan Pablo II, donde trata mucho sobre este tema, el *CIC* ofrece consideraciones importantes acerca de la naturaleza del trabajo.

Obviamente, el trabajo es importante porque muchos de nosotros empleamos en su realización un alto porcentaje de nuestra vida, y porque es esencial para nuestra subsistencia. Pero el *CIC* señala algo más; enfatiza que es mediante el trabajo que nosotros completamos o llevamos a plenitud una parte de nuestra naturaleza humana. El trabajo es uno de los medios que nos desarrolla como personas (2428). Mediante nuestro trabajo, somos capaces de expresarnos y contribuir con la comunidad humana. Estas ideas pueden parecer a algunos de nosotros como una quimera; ideales que están lejos de la realidad. Desafortunadamente, este es el caso de muchos, para quienes el trabajo es una rutina, una carga, un fardo de opresión. La Doctrina Social de la Iglesia sostiene que esto no debería ser así. A los trabajadores se les debe dar una oportunidad de tomar la responsabilidad de lo que hacen; de hacer del trabajo algo propio. Si eso sucede, la doctrina social católica sostiene, el trabajo proporcionará la oportunidad para la expresión de la persona, para su perfeccionamiento y la satisfacción que da el hacer una auténtica contribución —aunque sea pequeña— al bienestar de otra gente. Dicho de otro modo, si el trabajo es para la gente, y no al revés, entonces aquellos responsables del trabajo que hace otra gente deberían buscar las maneras y los medios para que el trabajo exprese y promueva la dignidad humana.

Junto a estos objetivos que atañen al trabajo humano, el *CIC* también señala algunas cosas más concretas que tienen que ver con la justicia a favor de los trabajadores. Primero, hombres y mujeres deberían tener acceso a un empleo decoroso. Las profesiones y la fuerza laboral deben estar abiertas a todos, sin ningún tipo de discriminación (*CIC*, 2433). Segundo, los trabajadores deben recibir un salario justo por su trabajo. Esto significa un salario que les permita una calidad de vida digna y razonable, para sí mismos y para su familia, desde el punto de vista material, social, cultural y espiritual (*CIC*, 2434). Tercero, los trabajadores deben tener la posibilidad de ir a huelga cuando ésta sea moralmente legítima (2435). Las razones que pueden garantizar una huelga (la cual siempre ha de llevarse a cabo de manera no violenta) incluyen no sólo los salarios injustos, sino también la carga excesiva o las condiciones inseguras de trabajo. Como hemos visto, la dignidad y los derechos de las personas requieren condiciones seguras de trabajo. Finalmente, el *CIC* indica que tienen derecho a las contribuciones del seguro social que (en países como Estados Unidos de América) sean requeridas por la autoridad legítima (2436). El *CIC* no incluye los beneficios del cuidado de la salud, debido a que en muchos países el cuidado de la salud es ofrecido por el Estado y no está ligado al empleo. Pero, los patrones deben asegurar ese seguro para sus trabajadores en países donde el acceso al cuidado de la salud (lo cual es un derecho humano según el Papa Juan XXIII) está ligado al empleo, una base que puede derivarse claramente de la enseñanza social católica es que se debe requerir a los empleadores el buscar que se provean los beneficios concernientes a la salud para todos sus empleados. En contraparte a estos derechos, los empleados están obligados a cumplir sus responsabilidades con honestidad e integridad ante sus empleadores. Aun cuando el *CIC* enfatice claramente los derechos de los trabajadores, como lo hemos notado, es verdad que los derechos y responsabilidades van juntos.

Concluimos esta sección señalando lo que el *CIC* dice acerca de la responsabilidad del Estado, en relación a la justicia económica. En el párrafo 2431, el *CIC* examina el importante papel del Estado en proporcionar un sentido de estabilidad y seguridad económica. El Estado debe ofrecer una "circulación estable y suficiente de los servicios públicos" para instaurar tal estabilidad y seguridad. Sin embargo, el *CIC* es claro al declarar que garantizar la protección de los derechos humanos (especialmente los derechos económicos) no es sólo responsabilidad del Estado, sino de todos (2431).

La Doctrina Social de la Iglesia evita declarar una forma particular de gobierno como la norma legitimadora según la cual deba ordenarse la vida económica y deban protegerse los derechos humanos. Debido al énfasis que la Iglesia ha puesto en los derechos humanos, parecería a muchos que la doctrina social católica se encuentra virtualmente casada con "el gran gobierno", incluso con el socialismo. Estos derechos humanos, de acuerdo al Papa Juan XXIII han de incluir no sólo el vestido, la vivienda y el descanso; sino también el cuidado médico y los servicios sociales necesarios. De hecho, la tradición católica ha evitado aliarse a un partido político o a un estilo especial de gobierno. Por esa razón, el *CIC* señala que no es una función o tarea exclusiva del Estado vigilar que los derechos humanos, especialmente los derechos económicos, sean reconocidos y respetados. La primera responsabilidad en la protección y promoción de los derechos humanos está en nosotros, individuos o miembros de las instituciones.

Al hablar de las políticas y programas del ámbito económico (por ejemplo, los programas de capacitación laboral a los cuales Linda no tenía acceso) escuchamos a algunos insistir en que el gobierno debería asumir una mayor responsabilidad, mientras que otros sostienen que "el sector privado" puede dar lo que la gente necesita. La doctrina católica señala que es un asunto que afecta a ambas partes: gobierno e iniciativa privada, y no de "una u otra parte". Parafraseando un pasaje del libro de *Génesis* (ver 4:9), si nos preguntan "¿Quién es el guardián de mi hermano y hermana?" La doctrina social católica responde: "Todos nosotros".

"Amor preferencial por los pobres"

Este capítulo concluye con algunas reflexiones sobe un tema importante en la tradición católica: "el amor preferencial por los pobres". Este elemento clave de la doctrina social católica tiene importantes implicaciones para nuestra manera de vivir, como individuos y comunidades. Pero es algo más que eso. Primero, la frase "amor preferencial por los pobres" dice algo acerca de Dios. Segundo, dice algo acerca de nosotros. El párrafo que sigue reitera algunas de las cosas ya dichas acerca de Dios en los capítulos 1 y 2, y establece una conexión con lo que significan para nosotros como discípulos de Cristo.

Los primeros dos capítulos de este libro son como los dos lados de una moneda y señalan que la reflexión sobre la naturaleza de la vida moral cristiana deben comenzar con una reflexión sobre Dios. El capítulo 1 se centra en el incondicional e insondable don del amor de Dios. Dios nos ama, no por lo que hemos hecho, sino porque somos sus criaturas. No puede ser de otra manera, porque Dios es amor. La vida según la moral cristiana comienza con el reconocimiento de ese don y se convierte en el deseo, el proyecto de vida de los cristianos que consiste en encontrar los modos apropiados para responder al amor de Dios y para "expresar" esos modos en nuestro trato con el prójimo.

El capítulo 2 fija nuestra atención en la imagen bíblica del Reino de Dios. Comenzamos reflexionando sobre el relato central del *Éxodo* en torno a cómo Dios escuchó los clamores de aflicción de la esclavitud israelita y "bajó" para ayudar a ese pueblo. Por medio de Moisés, Dios condujo a los israelitas a la libertad. Esta historia revela algo importante acerca de Dios: Él ama a todos, cuida de cada uno, pero parece tener un amor y cuidado particular por aquellos que sufren. Más aún, si la historia cristiana –la historia acerca de Jesús– revela algo, es precisamente el grado en el que Dios cuida del débil y vulnerable del mundo. En Jesús, Dios se identificó con los pobres y los desvalidos. Jesús se convirtió en uno de ellos, y, en solidaridad con todos los que sufrían o habrían de sufrir, se encaminó a la muerte. Debido a la Resurrección de Cristo, los cristianos afirmamos que el Reino de Dios que Jesús predicó –reino de justicia, amor y paz– no es una ilusión, sino que es algo inminente. Bajo esta luz, la vida moral cristiana puede ser descrita como el esfuerzo puesto en la instauración de un reino de justicia, de amor y paz en coparticipación con Dios.

¿A qué se refiere la frase "amor preferencial por los pobres"? Se refiere al amor de Dios. Se refiere a la manera de ser de Dios, a su manera de actuar a favor de aquellos que son pobres o sufren cualquier necesidad. Esto no significa que Dios ame a algunas personas más que a otras. El amor de Dios es universal; abarca todos los rincones de su creación y, especialmente, llega a todos los rincones de las personas heridas.

Como ya se ha visto, todas las analogías respecto a Dios se quedan cortas. Pero, quizá, el amor preferencial de Dios por los pobres se asemeja a la manera en la que un padre amoroso se fija en el hijo que está lastimado y que necesita de una manifestación especial del amor paterno. Esto es parte del mensaje de la historia narrada en el Evangelio de Lucas: la historia del padre misericordioso y del hijo pródigo (ver 15:11–32). El padre amaba a sus dos hijos, pero la precariedad del hijo pródigo requirió del abrazo y del amor especial del padre. Así sucede con Dios: Él ama a cada persona, pero Dios tiene un amor preferencial por aquellos que sufren y viven en la pobreza.

No debe sorprendernos que la reflexión sobre el amor preferencial de Dios por los pobres nos lleve más allá de lo previsto. Pero, volvamos a una idea presente en la Primera Carta de Juan: "Hermanos queridos, si Dios nos amó así, también nosotros debemos amarnos unos a otros". ¿Cómo debemos amar al otro? De la misma manera en que Dios nos ama. Y justamente como el amor de Dios se dirige de un modo particular hacia los necesitados, así deberá estar dirigido nuestro amor. Si un "amor preferencial por los pobres" describe el modo según el cual Dios obra en este mundo, lo mismo vale para nosotros (*CIC*, 2448).

Podemos concluir con tres comentarios sobre este tema. Primero, un amor preferencial por los pobres no es, ante todo, un programa. Se trata de una actitud que brota de un corazón agradecido. ¿Quién de nosotros puede tener esa actitud? Pienso que aquellos que en algún momento de su vida han sido objeto del amor compasivo de Dios, tal vez expresado por medio del amor compasivo de los demás. Fíjate en tu propia experiencia. Aquellos que han aprendido de su experiencia que el amor no se "merece", sino más bien que el amor genuino (seguramente el amor de Dios) es siempre regalo, esos son los que saben que esta clase de amor está más cerca de Dios: esta clase de amor servicial tiende a manifestarse –a lo largo de toda una vida– a los demás.

Segundo, si es verdad que ese amor preferencial por los pobres no es, ante todo, un programa, es igualmente verdad que a veces necesita convertirse en eso. Dicho de otra manera, un amor preferencial por los pobres no es una simple idea o un sentimiento. Es algo real y debe manifestarse en hechos y acciones concretas –a veces de manera audaz y comprometedora– a favor de nuestro prójimo necesitado. Así como en el relato del libro del *Éxodo*, Dios "bajó" para favorecer a los israelitas sumergidos en la esclavitud y opresión, así también el amor preferencial por los pobres debe "bajar" desde nuestra mente y mostrarse a través de nuestras manos. Si comienza en el corazón, no termina ahí. Debe mostrarse en acciones individuales y colectivas.

A veces, el amor preferencial por los pobres se muestra en las políticas y las prácticas de comunidades e instituciones. Pienso, por ejemplo, en un hospital católico, en un barrio pobre de una gran ciudad. Afortunadamente, hay muchos hospitales católicos como ese, el cual incluye en su presupuesto anual varios millones de dólares para ofrecer cuidados de salud a aquellos que no tienen seguro médico y que, probablemente, no pueden pagarlo. Esa es la manera en que este hospital muestra el "amor preferencial por los pobres".

Finalmente, recordemos una de nuestras reflexiones acerca de la conversión, tratada en el capítulo 4. Nuestro llamado a tener un amor preferencial por los pobres no es solamente un mandato, sino una posibilidad, una opción libre. Así como es difícil la vida según la moral cristiana, también es difícil el amor preferencial por los pobres. Amar al prójimo como Dios nos ha amado es difícil. Contribuir al trabajo de la justicia, amor y paz —en esa manera ayudamos al establecimiento del Reino de Dios— puede ser muy comprometedor, y esto podría asemejarse nada menos que a la cruz de Cristo.

Sin embargo, el mandato también es una posibilidad, una opción libre que puede producir inmensa alegría y paz. El ejemplo del hospital en el párrafo anterior deja esto en claro. Las religiosas que patrocinan y manejan ese hospital asumen su trabajo con satisfacción y determinación. Esas religiosas que hablan de su labor con orgullo y, al mismo tiempo, con humildad, manifiestan la fe y las convicciones católicas sobre la responsabilidad social. Nos muestran que el Espíritu de Dios ha estado con ellas, en su trabajo, y que el Espíritu Santo permanece con ellas en su compromiso; en el cuidado de sus hermanos necesitados. Ellas nos recuerdan que el Espíritu Santo las hace capaces de ser y hacer mucho más de lo que pudieron haberse imaginado.

Para reflexionar

1. Los obispos católicos de Estados Unidos han dicho: "La persona humana es el reflejo más claro de la presencia de Dios en el mundo". ¿Qué significa esto para ti?

2. ¿Qué opinas de la lista que hizo el Papa Juan XXIII de los derechos humanos, citados en este capítulo? ¿Es importante para ti esa lista? ¿Es realista? ¿Es idealista? ¿Añadirías o quitarías algo a esa lista?

3. El capítulo sostiene que los derechos y las responsabilidades van juntos: nuestra preocupación por el bien del individuo y por el bien común. ¿Estás de acuerdo? Si es así, da algunos ejemplos que demuestren la conexión entre derechos y responsabilidades.

4. La doctrina social católica sugiere que cuando afrontemos decisiones económicas, la meta debe incluir tanto la preocupación por la gente como la búsqueda de ganancias. ¿Puedes dar algunos ejemplos de gente y de negocios que han tomado decisiones de acuerdo a este criterio?

5. ¿Qué significa para ti la expresión "amor preferencial por los pobres"? ¿Qué es lo que no significa esta frase?

onclusión

Este libro comenzó con el reconocimiento de que en ocasiones la moral cristiana se ve como "el lado oscuro del Evangelio". Para algunos podría parecer como un compendio de reglas o ideales imposibles (por ejemplo, el mandato del perdón a los demás en la misma manera en la que Dios nos perdona), con la sensación de que "es algo imposible de hacer".

Estas páginas alcanzarán su objetivo si dejan en claro que hay otra perspectiva, otro lado de la historia. La vida según la moral cristiana puede ser difícil, pero no es "el lado oscuro del Evangelio". Seguir a Cristo implica serias obligaciones (personales y colectivas) ideales comprometedores, pero ese no es el meollo del asunto. De acuerdo a una imagen bíblica empleada en capítulos precedentes, la moral cristiana es, en su esencia, vivir "en el aliento divino".

El autor del segundo relato de la creación en Génesis describe la creación de la humanidad en estos términos: "Entonces, el Señor Dios formó al hombre del polvo de la tierra, sopló en su nariz un aliento de vida, el hombre fue un ser viviente" (*Génesis* 2:7). Y en el Evangelio de Juan, cuando Jesús se apareció después de la Resurrección a los discípulos –paralizados por la mezcla de confusión, temor y culpa– sus primeras palabras fueron: "La paz esté con ustedes" (Juan 20:19). Luego leemos: "Como el Padre me ha enviado, yo también los envío a ustedes. Sopló sobre ellos y les dijo: Reciban el Espíritu Santo" (Juan 20:21–22).

El pasaje de Génesis nos invita a creer que hemos sido creados por el don del aliento de Dios, y Él continúa infundiendo su aliento en toda la creación, especialmente en todos los seres humanos. Desde esta perspectiva, la vida moral no es otra cosa que una invitación a reconocer y reverenciar el don de la vida: el aliento de Dios en nosotros y en todo ser vivo. El pasaje de Juan invita a los discípulos a creer que Cristo resucitado continúa ofreciéndonos paz, y que el Espíritu santo continúa infundiendo su aliento en nuestros corazones. Y así como el aliento divino, el Espíritu Santo, transformó a los discípulos, infundiendo en ellos la energía que necesitaban para la proclamación de la Buena Nueva, para sanar a los enfermos, para reconciliar a los pecadores, para suscitar la paz y la justicia (todo lo que pensaban que estaba más allá de sus capacidades), así también el aliento divino, el Espíritu Santo, es nuestra fuente de energía para construir el Reino de Dios. Estos pasajes bíblicos indican que vivir según la moral cristiana no es primero sobre lo que hacemos; sino más bien sobre lo que permitimos que Dios haga en nosotros y por medio de nosotros.

Bibliografía

Catecismo de la Iglesia Católica. Washington, DC: United States Conference of Catholic Bishops, 1997.

Congregación para la Doctrina de la Fe. "Declaración sobre la eutanasia", 1980.

_____. *Donum vitae (Sobre el respeto de la vida humana naciente y la dignidad de la procreación)*,1987.

_____. "La atención pastoral a personas homosexuales", 1986.

Kelly, Gerald. "The Duty to Preserve Life." *Theological Studies* 12 (1950): 550.

United States Conference of Catholic Bishops. *Desafío de la paz. La promesa de Dios y nuestra respuesta.* Madrid: PPC, 1983.

O'Brien, David J., and Thomas A. Shannon. *Catholic Social Thought: The Documentary Heritage.* Maryknoll, NY: Orbis Books, 1992. [Este no lo incluiría]

Juan XXIII. *Pacem in terris (Paz en la tierra)*, 1963.

Juan Pablo II. *Dominum et vivificantem (Sobre el Espíritu Santo en la Vida de la Iglesia y del mundo)*, 1986.

_____. *Evangelium vitae (Sobre el valor y el carácter inviolable de la vida humana)*, 1995.

Paul VI. *Humanae vitae (Sobre la regulación de la natalidad)*, 1968.

León XIII. *Rerum novarum (Sobre la situación de los obreros)*, 1891.

Concilio Vaticano II. *Gaudium et spes (Constitución pastoral sobre la Iglesia en el mundo actual)*, 1965.

Thompson, J. Milburn. *Justice & Peace: A Christian Primer.* Maryknoll, NY: Orbis Books, 1997.

Reconocimientos

Acerca del autor

Russell B. Connors Jr., Ph.D., es originario de Cleveland, Ohio. Estudió ética cristiana en la Academia Alfonsiana, en Roma, Italia, donde obtuvo un doctorado en 1983. Dio clases en la facultad del St. Mary Seminary, en Cleveland, desde 1983 hasta 1995 y ahora enseña en College of St. Catherine, en St. Paul Minnesota. De 1990 a 1991 el Dr. Connors fue miembro de la Sociedad de Bioética en el National Institute of Health ubicado en Bethesda, Maryland y ha fungido como consultor para los comités de ética de algunos hospitales y clínicas para ancianos. Ha publicado numerosos artículos sobre ética cristiana en diversas publicaciones especializadas, y con Patrick T. McCormick (Gonzaga University), es coautor de *Character, Choices, and Community: The Three Faces of Christian Ethics,* publicado por Paulist Press.